합격의
자소서

합격의 자소서

직무적합성, 실무 역량, NCS… 총망라

홍준기 지음

한국경제신문

자기소개서는 '전략'이다

"서류 전형에서 계속 떨어지는 이유를 모르겠어요."

취업 준비생들에게 가장 많이 듣는 말이다. 서류 전형을 통과하려면 이력서와 자기소개서를 좀 더 잘 작성해야 하지만, 요즘처럼 서류 통과가 어려운 시기도 없는 것 같다.

기업들이 계속 채용 규모를 줄이면서 선발 인원도 줄고 있다. 당연히 기업 입장에서는 채용 과정에 많은 시간과 비용, 인적 자원을 투입할 필요를 느끼지 못하게 된다. 그래서 면접 대상 인원을 되도록 최소한으로 하기 위해 지원에 제한이 없는 서류 전형에서 매우 날카롭게 자르고 있다.

이처럼 선발 인원이 줄어들자 일단 넣고 보자는 분위기가 만들어지면서 인기 있는 대기업뿐만 아니라 건실한 중견기업의 취업 경쟁률도 가파르게 올라가고 있다. 서류 전형은 구조적으로 어려울 수밖에 없는 싸움이 된 것이다. 그렇다고 손 놓고 있을 수도 없다. 서류 전형을 통과하기 위해서 뭔가 뾰족한 방법은 없는 것인가?

피터 드러커와 함께 경영의 대가로 불리며《초우량 기업의 조건》,《톰 피터스 자기 혁신 i디어》등을 집필한 톰 피터스는 줄곧 '전략'을 강조했다. 전략이 있어야 그 어떤 상황이라도 돌파할 수 있는 힘을 가질 수 있기 때문이다. 마찬가지로 지금 우리에게도 이 '전략'이 필요하다!

스탠퍼드 대학교 대학원을 다니면서 알게 된 사실도 이를 뒷받침해주고 있다.

흔히 '스탠퍼드 출신들은 스펙이 좋아서 어디든 원하는 회사에 들어갈 수 있다'라고 생각한다. 하지만 현실은 결코 그렇지 않다. 스탠퍼드 학생들도, MIT나 하버드 학생들도 엄청나게 노력하고 준비한다. 원하는 기업에 들어가는 학생도 있지만, 반대로 실패하는 학생도 많다. 지원하는 직무와 자기 자신에 대해 철저하게 분석한 내용을 취업 서류에 '전략적으로' 담은 학생이 취업에 훨씬 유리했다(미국에서는 취업 서류를 레주메Resume, 에세이 Essay, 커버 레터Cover Letter 등으로 부르는데 우리나라의 이력서, 자기소개서와 유사하다고 보면 된다).

지난 6년간 1,000명이 넘는 취업 준비생의 자기소개서 작성을 지도했다. 그 과정을 통해 자기소개서만 전략적으로 작성해도 학력, 전공 등의 스펙과는 상관없이 서류 통과의 확률을 획기적으로 올릴 수 있다고 확신하게 되었다.

최근 채용 방식의 초점이 '스펙'에서 '실무 역량'으로 변하는 상황도 자기소개서에 더 많은 전략이 필요하다는 것을 말하고 있다. '실무 역량'이란, 회사의 부서에 배치되었을 때 발휘할 수 있는 업무 처리 능력을 의미한다.

요즘 기업들은 신입 사원이라도 경력 사원만큼은 아니지만 어느 정도 실무를 처리하는 능력을 기대하고 있다. 그러므로 대학 생활 동안 지원하는 직무와 관련해서 어떤 노력으로 실무적인 역량을 확보했는지에 대한 내용이 자기소개서에 제대로 들어가야 한다.

취업 지도를 하다보면 안타깝게도 자기소개서의 문제점을 파악하지 못해 취업의 기회를 놓치는 경우를 많이 본다. 물론 연이은 실패 후에 자기소개서 작성법을 새롭게 이해하고 준비하여 합격의 기쁨을 누리는 취업 준비생도 있다. 이제부터라도 숫자로 이뤄진 스펙으로 한 줄 더 채우려고 하지 말고 자신을 좀 더 분석해서 기업이 원하는 실무 역량을 제대로 담는 전략이 필요하다.

그동안 현장에서 취업 준비생을 지도하며 쌓아온 노하우를 이 책에 체계적으로 정리했다. 지금까지와는 다르게 자기소개서를 '전략적으로' 작성하는 비법을 알게 될 것이다. 이 책을 통해 많은 취업 준비생이 합격의 기쁨을 누리길 바란다.

1장

합격 *vs.* 불합격
자기소개서는 뭐가 다른가?

2장

알면 붙고
모르면 떨어진다

합격 *vs.* 불합격
자기소개서는
뭐가 다른가?

지원자의 스펙보다 실무 역량의 중요성이 높아지면서 자기소
개서의 작성법에도 근본적인 변화가 필요하다. 합격의 자기소
개서와 불합격의 자기소개서는 무엇이 다를까? 혹시 합격의
자소서에는 우리가 모르는 비밀이 있는 건 아닐까?

01

스펙에
목말라하지 마라

        대학교를 다닐 때 한동안 가수를 꿈꿨던 적이 있다. 그 정도로 노래는 대학 생활에서 처음으로 발견한 특기이자 즐거움이었다.

    대학교 2학년 때, 음악 좀 한다는 주변 친구들과 밴드를 결성해서 정기적으로 공연도 하고 당시 대학생들의 오디션 프로그램인 MBC 대학가요제에도 출전했다. 아쉽게도 본선에 오르기 전에 탈락했다.

    대중성과는 거리가 먼 퓨전 재즈를 자작곡으로 호기롭게 들고 나가서였는지, 아니면 노래 실력과 밴드 실력이 부족해서였는지 잘 모르겠다.

그래도 입대 전까지 도전하기로 마음을 먹고 작곡가 선배의 스튜디오에서 대여섯 곡을 녹음한 다음, 음반사에 보냈다. 작곡 능력과 연주 능력도 필요하다는 생각에 한동안 피아노 학원, 기타 학원을 다니며 작곡 공부도 했다. 본격적으로 음악 활동을 시작한 지 3년 만에 음악적 역량의 한계를 느끼고 결국 가수의 꿈을 접었지만 십여 년이 지난 지금까지도 그때의 시간은 '젊은 시절 가장 많은 열정을 쏟은 추억'으로 남아 있다.

그 추억 때문인지 가장 즐겨보는 텔레비전 프로그램을 물으면 바로 〈슈퍼스타 K〉, 〈K팝 스타〉와 같은 오디션 프로그램이라고 말한다. 아무리 바빠도 이 프로그램들은 빼놓지 않고 챙겨볼 뿐만 아니라 시즌마다 누가 새로운 스타가 될 것인지 나름대로 예측해보는 재미에 푹 빠진다. 참가자들이 기성 가수들 못지않은 음악성을 보여주는 모습을 보고 있으면 노래를 감상하는 차원을 넘어 감동까지 느끼기도 한다. 그리고 노래 실력 외에 항상 주목하는 부분이 참가자들의 인생 이야기다.

어린 시절부터 체계적으로 음악 교육을 받고 세계 최고의 음악교육기관에서 교육받은 '최고의 스펙'과 '화려한 기교'로 무장한 참가자들을 보면 혀를 내두르지 않을 수 없다. 하지만 진정한 감동을 주는 참가자들은 정반대의 경우다.

아무런 교육 혜택을 받지 못하고 건설 현장에서 일하는 어려운 환경에서도 자신의 재능에 대한 희망 하나만 갖고 뼈를 깎는 노력으로 한 단계씩 올라가는 참가자들을 보고 있으면 경외감까지 느끼게 된다. 그런 참가자들이 최선을 다하는 모습에 날카로운 심사위원들도 감동의 눈물을 흘린다.

기획사의 오디션에서는 화려한 스펙을 가진 참가자가 그렇지 못한 참가자보다 유리할 수 있다. 하지만 말 그대로 계급장을 떼고 대중 앞에서 실력만으로 겨루는 오디션 프로그램에서는 다르다. '저는 제대로 된 음악 교육은 받지 못했지만 그동안 노력하면서 쌓은 역량을 노래로 보여 드리겠습니다'라고 외치는 참가자가 놀라운 결과를 만들게 된다.

취업에서도 마찬가지다. 여전히 많은 취업 준비생이 '스펙'에 목말라하고 '숫자'에 매달리고 있지만 이제 회사는 지원자들의 실무 역량을 파악하기 위해 애쓰고 있다.

자기소개서에 '저는 학점 만점, 토익 만점, 그리고 화려한 스펙을 갖춘 지원자입니다'라고 강조해봤자 통과하기 힘들다. 비록 스펙이 부족해도 해당 산업, 직무 분야에 대한 관심과 노력, 그리고 필요한 실무 역량을 충분히 보여주면 채용 담당자들에게 충분히 감동을 줄 수 있다.

이미 채용 방식이 '스펙'보다 '실무 역량'에 점수를 더 주는 방향으로 변화되었다는 점을 명심하자.

02

실무 역량을
강조하라

취업 교육 분야는 끊임없이 변하는 기업의 채용 방식에 항상 민감하게 대응해야 한다. 그래서 수시로 채용을 담당하고 있는 선후배, 지인들과 연락을 주고받으며 채용 방식의 변화를 확인하고 있다. 다음은 대기업의 채용 담당자가 했던 말이다.

"최근에는 스펙을 최대한 배제하고 직무와 관련된 실무 역량을 면밀히 파악해서 뽑는 방향으로 채용 방식을 변경했습니다. 물론 현실적으로 스펙을 전혀 보지 않는 것은 아니지만 예전 같으면 스펙만 보고 탈락시켰을 지원자들의 자기소개서까지 광범위하게 검토하기로 했습니다. 그래서 예전보다 많이 바쁩니다. 다른 기업들도 저희처럼 예전보다 자기소개서를 훨씬 더 꼼꼼하게 검토하고 있습니다."

이와 같이 최근 채용에서 가장 큰 화두는 '탈脫 스펙'과 '실무 역량 강조'이다. 실제로 이 기업은 예년과는 차이가 큰 서류 전형과 면접 전형을 실시하면서 스펙보다 실무 역량이 강한 인재들을 선발했다. 최근 많은 기업이 이러한 움직임을 보이고 있다.

우리나라는 그동안 삼성, 현대, LG, 포스코 등 제조업을 중심으로 한 대기업들의 지속적인 성장으로 경제가 발전되어 왔다. 이러한 대기업들의 고도 성장기에는 주어진 일을 빠르고 정확하게 그리고 성실하게 수행하는 인재가 주로 필요했다. 출신 학교, 학점, 영어 성적, 자격증 등으로 대표되는 스펙은 지원자의 성실성을 보여주는 보증 수표와 같았기 때문에 기업은 이 스펙을 채용에서 가장 중요한 요소로 고려했다. 그러나 시대가 바뀌었다.

이제 우리나라 기업 대부분은 브랜드와 기술로 무장한 미국 등 선진국뿐만 아니라 중국 등 떠오르는 신흥국 기업들과도 치열한 경쟁을 해야만 생존이 가능한 상황이다. 그 어느 때보다 해당 분야에서 바로 일할 수 있는 '실질적인 실무 역량'을 갖춘 인재가 필요하게 되었다. 이러한 상황 변화는 이력서와 자기소개서를 평가하는 서류 전형에도 영향을 미쳤다.

요즘 취업 준비생의 자기소개서를 지도하면서 '잘 작성된 자기소개서가 얼마나 위력적인지'를 알게 되었다. 스펙이 부족한 지원자들이 다양한 실무 역량을 강조한 자기소개서로 서류 전형에 통과하는 확률이 눈에 띄게 좋아지는 것을 보면서, 점점 커지는 자기소개서의 비중을 확연하게 체감하고 있기 때문이다. 무분별한 스펙 쌓기가 취업에 도움이 되지 않는다는 것은 취업 준비생들에게 희소식이며 수많은 젊은이들이 불필요한 스펙 경쟁에 지치지 않아도 되니 국가적으로도 바람직한 현상이라고 볼 수 있다.

작성법의
패러다임을 바꿔라

　　이제 기존의 자기소개서 작성법으로는 채용 방식
의 변화에 효과적으로 대응할 수 없다. 자기소개서 작성법의 패
러다임도 획기적으로 변해야 한다. 그리고 그 패러다임에 맞춰
작성한다면 서류 전형을 통과할 확률이 매우 높아질 것이다. 과
거의 자기소개서 패러다임과 변화된 자기소개서 패러다임에서
중요하게 여겨진 작성 원칙은 다음 표와 같다.

　　변화된 자기소개서 패러다임에서는 해당 회사와 직무에 관련
된 실무 역량과 경험, 관심을 강조하는 것이 스펙을 강조하는
것보다 훨씬 더 중요해졌다. 이를 이해하기 위해 채용 담당자들

과거의 자기소개서 패러다임	변화된 자기소개서 패러다임
스펙을 강조한다.	해당 회사와 직무에 관련된 실무 역량을 최대한 강조한다.
합격한 자기소개서를 참고해 모방한다.	차별화되는 나만의 자기소개서를 완성한다.
지원 마감 전에 무조건 많이 지원한다.	충분한 시간을 갖고 미리 준비해서 지원하는 기업 하나하나에 최선을 다한다.

의 평가 기준을 다음 그림을 통해 확인해보자. 지원자들을 크게
4가지로 분류하는 것을 알 수 있다.

고高 스펙	물음표	최고
저低 스펙	최악	잠재성
	실무 역량 및 지원 분야에 대한 열정이 약함	실무 역량 및 지원 분야에 대한 열정이 강함

- 최고Best: 출신 학교, 전공, 학점 등 스펙뿐만 아니라 자기소
  개서를 통해 나타나는 지원 분야와 관련된 실무 역량, 지원
  동기 등이 눈에 띄는 유형이다. 지원 분야에 대한 경험은
  풍부하게, 지원 동기는 매우 설득력 있게 작성되어 있다.
  어느 회사에서나 환영받는 인재로서, 당연히 서류 전형을
  통과할 확률이 높다.

- **최악Worst**: 스펙이 부족할 뿐만 아니라 자기소개서에 실무 역량과 열정이 전혀 드러나지 않는 지원자다. 채용 담당자들이 가장 먼저 탈락시킬 수밖에 없는 유형이다.

- **물음표Question Mark**: 스펙만 우수할 뿐 대학 생활 동안 특별한 활동이 없어서 해당 분야에 대한 관심과 실무 역량이 제대로 드러나지 않는 유형이다. 채용 담당자들은 이러한 지원자를 보면 '공부만 하는 스타일이라 실무에 적응을 못하지 않을까?', '너무 개인주의적이라 앞으로 회사와 같은 조직 생활에 힘들어 하지 않을까?'라는 걱정을 하게 된다. 게다가 해당 분야에 대한 관심, 지원 동기가 자기소개서에 명확하게 드러나지 않아서 좀 더 나은 조건의 다른 회사에 합격하면 우리 회사를 선택하지 않을 수 있다는 우려와 입사해도 조기에 이직할 수 있다는 불안감이 들게 한다. 이렇게 채용 담당자들이 고민을 많이 하게 하는 바람에 경쟁자보다 스펙이 월등히 높아도 서류 전형에서 탈락되거나 면접에서 혹독한 검증을 거치게 된다.

- **잠재성Potential**: 스펙은 약해도 자신의 경험과 이야기를 지원 분야에 적합하게 연결하여 자기소개서에서 보여준다. 또한 직무에 대한 열정과 관심, 실무 역량을 충분히 표현하는 유형이다. 경우에 따라서는 취업과 관련 없는 여행, 운동 등

의 취미 활동이나 장사에 열의를 다한 '열정 가득한' 지원자도 이에 해당된다. 과거에는 그다지 주목받지 못하는 지원자였지만 최근 '탈脫 스펙' 바람이 불면서 서류 전형 합격률이 눈에 띄게 좋아지고 있다. 다양한 경험에는 시간과 노력이 많이 필요하기 때문에 스펙 쌓기에는 상대적으로 소홀할 수밖에 없었지만 해당 분야에서 역량을 발휘할 수 있도록 집중할 여건이 되면 언제든 성과를 낼 수 있는 사람으로 채용 담당자는 보고 있다. 그래서 잠재성을 갖춘 지원자를 요즘 회사에서 환영하고 있다.

이처럼 최근에는 지원자의 실무 역량과 지원 분야에 대한 열정을 자기소개서에서 면밀히 파악하고 있다. 특히 실무 역량은 지원하는 분야와 관련된 인턴이나 아르바이트 경험, 동아리 등의 단체 활동에서 찾아본다. 이러한 경험은 짧게는 몇 주에서 몇 달, 길게는 몇 년의 시간과 노력이 필요해 장기적인 열정 없이는 힘들기 때문에 이 부분에서 채용 담당자는 끈기, 적극성 등을 확인할 수도 있다.

해당 분야와 직접적인 연관은 없어도 업무를 제대로 처리할 수 있는 성향, 설득력 있는 지원 동기를 보여주면 채용 담당자는 호감을 갖게 된다.

04

베끼지 말고
'나'만의 소개서를 써라

다음과 같은 질문을 하는 안타까운 지원자를 종종 만난다.

"관련된 경험이 있으면 자기소개서를 잘 쓸 수 있겠는데, 지난 대학 생활 동안 특별히 한 게 없어요. 인턴이나 공모전은 물론, 아르바이트조차 해볼 기회도 없었습니다. 사실 저학년 때는 별생각 없이 놀았고, 고학년이 되서는 학점 보완 때문에 재수강을 하면서 토익 점수 따기도 바빠서요. 그래서 쓸 경험이 하나도 없는데 어쩌죠?"

한마디로 쓰고 싶어도 소재가 없다는 말이다. 이러한 지원자는 자기소개서를 다룬 책이나 취업 관련 인터넷 카페에 있는 내용을 참고해 비슷하게 작성하려는 유혹에 빠지기 쉽다. 하지만 인터넷의 합격 사례가 사실인지 아닌지 제대로 검증하기 힘들다는 점을 간과해서는 안 된다.

이력서의 스펙이 더 중요해서 자기소개서의 내용을 상세히 검토하지 않던 과거에는 운 좋게 넘어갈 수 있었지만 이제는 상황이 다르다. 합격 사례를 참고해 작성한 자기소개서는 채용 담당자의 눈에 걸리게 되어 있다.

자기소개서는 무조건 '나'만의 '소개서'가 되어야 한다. 이것이 자기소개서의 제일 기본 조건이자 서류 전형에 통과하기 위한 기본 요건이다. 경험이 부족하다고 생각한다면 다음과 같은 방법을 적용해보라.

첫 번째, 현재 갖고 있는 경험을 최대한 활용하도록 노력한다. 아무리 소재가 부족해도 지원하는 회사나 직무에 대해 좀 더 상세하게 파악하고 경험을 최대한 활용해서 자기소개서에 표현하는 노력이 필요하다. 이렇게 노력하면 분명 자기소개서의 내용이 풍부해진다.

두 번째, 좀 더 적극적인 방법으로써 '지금 당장 나가서' 관련 경험을 쌓도록 시도한다. 물론 자기소개서에 쓸 해당 분야의 경험은 장기간에 걸쳐 지속적으로 이뤄지는 것이 바람직하다.

그렇다고 장기간으로 할 수 있는 상황이 안 되니 아예 손 놓는 것은 매우 안이한 행동이다. 적극적으로 찾으면 당장 오늘부터 시작할 수도 있다. 해당 분야의 경험이 '0'인 것과 '1'인 것은 엄청난 차이가 있다. 하지만 이렇게 말해도 지원자 대부분은 새로운 시도를 잘 하지 않는다.

"대학교를 다니면서 아무것도 하지 못했는데 며칠 만에 어떻게 찾으란 말이죠? 갑자기 아르바이트나 인턴 자리 구하기도 어렵고 누구한테 부탁하기도 번거롭습니다. 그냥 하던 대로 영어 성적이나 좀 더 올리는 것이 좋겠어요."

지원하는 분야에 관련된 경험을 해보길 제안했던 지원자들 중 일부는 이렇게 생각하면서 그나마 주어진 시간 동안이라도 할 수 있는 도전을 포기한다.

변화가 없으면 발전도 없다. 많은 지원자가 이처럼 새로운 도전 없이 부족한 내용의 자기소개서로 여러 기업에 지원하는 것을 볼 때마다 안타까운 마음이 든다. 반면, 조언을 받자마자 바로 결심하고 한 가지씩 경험을 해나가는 적극적인 지원자들은 반드시 취업에 성공한다.

처음부터 '대단한 경험'을 할 필요는 없다. 한 가지씩 경험을 하면 그것 자체로도 큰 의미가 될 수 있으며 분명 더 나은 기회를 찾게 된다.

경험을 시도하는 것조차 쉽게 포기하는 지원자들은 다른 경쟁자들과 비교했을 때 부족한 점이 '관련 분야에 대한 경험'만이 아니다. 자신감과 성취를 위한 노력의 자세도 부족하다.

심리학자들의 연구에 따르면, 무언가 시도해서 성공했을 때 얻는 성취감은 반복된 학습의 결과로 마음속에 자리 잡게 된다고 한다. 무언가를 성취했던 사람은 또 다른 성취감을 얻기 위해 그 어떤 일도 최선을 다해 노력한다고 한다.

사실 이러한 부분을 채용 담당자들이 자기소개서에서 가장 주의 깊게 본다. 다양한 경험을 통해 성취를 맛본 사람이 회사 생활을 하면서도 도전을 더 많이 하고 끈기 있는 자세로 노력한다는 것을 알기 때문이다. 단순히 해당 분야의 경험을 했는지를 보는 게 아니라 향후 회사에서도 이러한 자세를 보여줄 수 있는지를 평가하는 것이다.

05

반드시
심혈을 기울여라

　　　　　자기소개서에 대해 다음과 같은 생각을 가진 지
원자가 의외로 많았다.

　'어차피 나는 스펙이 부족해서 서류 통과도 힘든데 자기소개
서를 열심히 써서 뭐하나…. 오늘 당장 지원해야 할 회사도 여
러 곳인데 대충 복사해서 붙여야겠다.'

　이는 매우 위험하고 안이한 생각이다. 자기소개서의 비중이
강화될수록 이렇게 성의 없이 작성된 자기소개서는 매우 쉽게
눈에 띈다.

　바꿀 수 없는 스펙은 잊어버리고 당장 지원해야 할 기업 하나

하나에 최대한 맞춘 자기소개서를 작성해야 한다.

　서류 전형에 통과하려면 '자기소개서는 나의 분신'이라는 마음가짐으로 공을 들이는 자세가 매우 중요하다. 그리고 이러한 자세로 임해야 후회가 없다.

　제대로 자기소개서를 작성하려면 시간이 충분하게 필요하다. 최소 한두 달의 여유를 갖고 준비해야 한다. 기업의 자기소개서 항목들은 크게 변경되지 않는다. 그러므로 지원하려는 기업의 자기소개서 항목이 공개되지 않았어도 바로 전에 나왔던 항목을 갖고 준비할 수 있다.

　무엇보다 자기소개서는 서류 전형의 통과만 목적으로 삼으면 안 된다. 서류 전형이 통과된 이후 시작되는 면접에서도 매우 중요한 역할을 차지한다. 해당 분야에서 필요한 역량과 지원 동기가 자기소개서에 명확히 드러났다면 지원자의 면접 과정은 훨씬 수월해진다.

　면접관들을 대상으로 한 면접 기법 교육에서 보면, 그들의 고민 중 하나가 '면접 때 무엇을 질문해야 하는지 잘 모르겠다' 이다. 면접관들은 사전에 이력서와 자기소개서를 충분히 검토하지 못하거나 면접을 진행하면서 처음 보는 경우가 많다.

　혹시 다른 친구들의 자기소개서를 본 적이 있는가? 짧은 시간 동안 훑어보면서 다른 사람이 작성한 글을 제대로 파악하기는 쉽지 않다. 더군다나 하루에 수십 명씩 면접을 본다면 수많은 이력서와 자기소개서를 지속적으로 보는 것 자체가 고역이 된다. 이러한 상황에서 깔끔하게 잘 쓰인 자기소개서를 본다면 눈에 확 띌 것이 분명하다.

면접관들이 자기소개서에서 파악하려는 것은 명확하다. '해당 분야 업무를 잘 할 수 있을까?'와 '우리 회사에 정말 오고 싶어 하고 조직에 잘 적응해서 오래 다닐 수 있을까?'가 대표적이다. 해당 분야에 대한 역량이 잘 표현되어 있으면서 회사와 직무에 대한 지원 동기가 명확히 드러난 자기소개서는 면접관들의 질문에 대한 고민을 덜어준다. 지원자에게 할 적절한 질문을 찾을 필요 없이 자기소개서에서 강조한 부분을 하나씩 보고 질문하면 되기 때문이다. 그렇게만 된다면 면접관들에게 질문의 기준을 알려주는 훌륭한 자기소개서라고 할 수 있다.

이와 반대로 자기소개서에 실무 역량과 지원 동기 등이 잘 보이지 않으면 면접 과정에서 어떤 일이 벌어질까? 일단 면접관들은 지원자의 자기소개서를 조금 읽다가 흥미를 잃게 된다. 또한 '우리 회사와 지원한 직무에 대한 이해가 떨어지는군', '수십 군데 마구잡이로 지원하면서 그대로 복사해 붙인 것 같네'라고 생각할 것이다.

질문할 내용을 자기소개서에서 마땅히 찾기도 쉽지 않으니 질문 자체를 거의 하지 않거나 낮은 학점 등 눈에 띄는 약점과 관련된 질문만 하다가 끝낼 가능성이 높다. 결국 지원자에게는 불리한 면접 상황으로 전개된다.

1차, 2차, 3차 면접처럼 단계별로 진행될 경우에는 면접관들이 자기소개서를 함께 보면서 평가하기도 한다. 입사 후에 있을 부서 배치에도 자기소개서 내용을 참고한다. 그러므로 자기소개서는 반드시 심혈을 기울여 작성해야 한다.

06

글쓰기는
요령이다

      '글쓰기'는 누구에게나 두렵고 막막한 일이다. 특히 처음 쓰는 사람에게는 더욱 그렇다.

    자기소개서 강의에서 글 쓰는 방법을 지도하니 '글쓰기'를 직업으로 한다고 할 수 있지만 지금도 적은 분량의 글을 쓸 때조차 고민이 많다. 그래서 몇 년 전에 처음으로 책을 집필한 것은 큰 도전이었다.

    글쓰기에 대한 막연한 두려움 때문에 자기소개서 작성을 시작도 못하는 취업 준비생이 많다. 자기소개서도 글쓰기의 일종이니 글쓰기를 직업으로 하는 전문가가 아니라면 어렵게 느껴지는 것이 당연하다. 그렇다고 해도 취업을 위해서 자기소개서는 써야 한다. **본격적으로 자기소개서를 작성하기 전에 우선 '글을 잘 쓰는 요령'을 터득하는 것이 중요하다.** 수많은 자기소개서를 지도하는 입장에서 파악한 '글을 잘 쓰는 요령'은 다음과 같다.

① **많이 읽고, 많이 쓰고, 많이 생각한다.** 다독多讀, 다작多作, 다상량多商量이라는 '삼다三多의 방법'은 송나라 구양수라는 대大문장가가 정리한 말로, 글을 잘 쓰기 위한 기본이라고 한다. 알고자 하는 분야의 책을 많이 읽어서 지식을 키우고, 많이 써서 글쓰는 감각을 몸에 익히고, 생각을 많이 하여 내용을 구체화하는 능력을 기르는 것이다. 글쓰기가 습관이 되면 효과적이므로 일기를 매일 쓰는 것도 하나의 좋은 방법이다.

② **좋은 문장은 따라 써본다.** 베스트셀러 작가들도 자신이 좋아하는 작가의 글을 따라 쓰면서 글쓰기 능력을 향상시킨다고 한다. 책, 잡지, 신문 등을 읽으면서 발견한 좋은 글을 따라 쓰면 문장력을 기를 수 있을 것이다.

③ **어휘력을 향상시킨다.** 단어의 의미를 정확히 파악하기 위해서 인

터넷 검색보다 국어사전을 직접 찾도록 한다. 모르는 단어만 찾지 말고 동의어, 유의어, 반의어 등을 같이 찾아 보는 습관을 들인다.

④ **되도록 구체적으로 쓴다.** 구체적일수록 글에 대한 흥미와 신뢰도가 높아진다.

⑤ **첫 문장은 자신 있게 시작한다.** 시작이 반이라고 하지만 첫 문장을 어떻게 써야 하는지 고민만 하면서 하얀 종이만 멍하니 보는 경우가 많다. 다음과 같은 다양한 요령을 활용해서 첫 문장을 시작하면 좋다.

- 평서문으로 시작: 저는 A사의 마케팅 직무에 가장 적합한 사람입니다.
- 의문문으로 시작: 대학 생활에서 가장 중요한 것이 무엇이라고 생각하십니까?
- 대화로 시작: "내일부터 출근하시기 바랍니다.", "정말인가요? 감사합니다!"
- 의성어로 시작: 펑! 난데없이 폭발음이 들렸습니다.
- 특정 일시로 시작: 2015년 ○월, 저는 △△ 동아리에 가입했습니다.

- 명언이나 사자성어로 시작: '지성이면 감천이다.' 제가 항상 마음에 새기고 있는 말입니다.

⑥ **마무리 부분에서 포인트를 준다.** 마무리 부분에서 전체적으로 요약하거나 가장 핵심적인 글을 강조하면 읽는 사람에게 끝까지 여운을 남길 수 있다.

⑦ **실수는 반드시 피한다.** 내용이 너무 좋아도 사소한 실수 하나로 반감될 수 있다.
- 지나치게 긴 문장은 적당히 끊는다.
- 부적절한 단어가 없는지 확인하고 필요하면 지운다.
- 사자성어나 한자어를 사용할 때에는 자신이 완벽히 이해하고 있는 것만 사용한다. 잘못 사용하면 글이 어려워질 뿐만 아니라 스스로의 무지無知를 드러내게 된다.
- 같은 단어가 여러 번 반복된다면 어휘력이 부족한 것처럼 보일 수 있으니 유사어로 대체한다.
- 유학생들이 하기 쉬운 실수인데, 영어식 표현을 자주 쓰면 수동적인 문장이 많아지고 수식어가 길면 글이 어색해지니 주의한다.
- 논리적인 비약이 있다면 부연 설명을 꼭 넣는다.

- 비속어를 사용하지 말고 특정 업계에서만 쓰는 단어는 풀어서 쓴다.
- 지나치게 과장된 글은 진실성을 해친다.
- 읽는 사람을 고려하면서 어려운 단어보다 잘 이해할 수 있는 단어를 선택한다.

2장

알면 붙고
모르면 떨어진다

지금까지 채용 방식의 변화에 맞춰 자기소개서의 방향도 바꿔야 한다. 이제는 자기소개서를 작성할 때 남들과 차별화된 콘텐츠를 담아야 한다. 그렇게 하기 위해서는 '무엇'을 '어떻게' 파악해야 하는지 정확히 알고 있어야 한다.

차별화된
콘텐츠를 만들어라

눈코 뜰 새 없이 바쁘게 지내다가 휴식도 취하고 새로운 아이디어 구상도 하려고 오랜만에 제주도 여행을 결정했다. 그런데 출발 날짜는 잡았지만 너무 바빠서 여행 계획을 세우지 못했다.

무엇을 준비하고 어디를 가야 할지 막막했던 상황에서 유일한 한줄기 빛은 바로 블로그였다. 2박 3일 일정에 적합한 코스와 정보, 그리고 맛집까지 블로그 검색만으로 뚝딱 해결했다. 어떤 블로그는 웬만한 여행서 못지않게 내용이 꽤 알찼다. 요즘 흔히 말하는 여행 전문 파워 블로그였다.

우리도 각자 자신만의 취미, 특기를 갖고 블로그를 운영할 수도 있다. 또는 SNS를 활발하게 할 수도 있다. 아니, 이미 하고 있을 것이다. 그렇다면 블로그에 글을 쓸 때, 가장 먼저 무엇을 하는가? 바로 '내용', 즉 '콘텐츠contents'에 대해 확실하게 준비하는 것이다. '남들에게 들려줄 나만의 독특한 이야기', 즉 '글로 보여줄 만한 콘텐츠'가 충분히 확보되어 있어야 한다.

예를 들어, 제주도 맛집에 대한 블로그를 운영한다고 해보자. 남들이 관심을 가질 만한 제주도의 음식점을 방문해서 음식 맛, 음식 사진과 동영상, 사장님과의 인터뷰뿐만 아니라 다른 음식점과의 차이점 분석까지 차별화되는 콘텐츠를 충분히 확보하는 노력이 우선적으로 필요하다.

고정 방문자가 많은 파워 블로거의 블로그를 보면 다른 블로그와 확연하게 차이가 난다. 그 어디에서도 볼 수 없는 콘텐츠를 제공하고 있는 것이다. 다른 사람들에게 흥미를 주고 그들이 시간을 들여 읽을 만한 가치가 있는 글을 쓰기 위해서는 그만큼 '차별화된 콘텐츠'를 갖고 있어야 한다.

자기소개서도 블로그와 마찬가지로 차별화된 콘텐츠를 담아야 한다. 점점 서류 전형을 통과하기 어려워진 현실에서는 지원하는 분야에 대한 정보를 빠르게 확보하고 좀 더 깊이 있게 분석해 그 내용을 자기소개서에 담아야 한다. 평소 관심이 많아 잘 알고 있는 분야이거나 선배들에게 정보를 얻게 되면 수월하게 쓸 수 있지만, 그런 기회를 가진 취업 준비생은 많지 않다.

취업 준비생들 대부분은 지원할 분야나 직무를 쉽게 정하지 못하기 때문에 취업을 준비할 때가 돼서야 급하게 정보를 찾으러 다닌다. 또한 관심 분야가 생겨도 자기소개서 작성에 필요한 다양한 정보를 찾거나 깊이 있게 분석하는 방법을 모른다. 그래서 지원자들 대부분이 자기소개서 작성에 어려움을 겪는다.

자기소개서 작성이 어려운 또 다른 이유는, 자기 자신에 대해 쓰는 것이기 때문이다. 자기소개서를 작성하기 전까지는 자기 자신에 대해 충분히 파악하는 사람은 드물다. 더군다나 자기소개서는 스스로 장점을 알리는 측면이 강한데 자신을 적극적으로 자랑하며 알리는 셀링selling이 일반적인 서양과 달리 '겸손하게 자신을 낮추는 것'을 미덕으로 삼는 우리에게는 자기 자랑이 어색할 수밖에 없다. 또한 자기소개서에 담을 콘텐츠를 위해 자신에 대한 다양한 이야기를 파악하는 것도 지원자가 어려움을 느끼는 부분이다.

콘텐츠가 없다고 아쉬워하지 말고 잘 돌아보자. 지난 대학 생활 자체가 하나의 콘텐츠가 될 수 있다. 아르바이트나 인턴 같은 실무 경험, 동아리 활동, 공모전 참여뿐만 아니라 사소하게 보이는 취미 활동이나 수업 내용까지 다 콘텐츠가 될 수 있다. 단지 이 콘텐츠를 제대로 활용하는 방법을 몰라 자기소개서에 쓰지 못하고 있는 것이다.

자기소개서를 작성할 때 산업, 기업, 직무와 자신의 이야기에 대한 (쓸 만한) '내용', 즉 콘텐츠를 파악하고 분석하는 것은 너무나도 중요한 과정이다. 그런데도 지원자들 대부분이 이에 대한 방법조차 파악하지 않은 상황에서 답부터 쓰려고 한다. 당연히 자기소개서 작성에 큰 어려움을 겪고, 충분한 준비 없이 작성된 것이니 서류 전형에서 쉽게 떨어지게 된다.

자기소개서 작성의 과정은 자신의 역량과 지원 동기를 논리적이고 체계적으로 증명하는 것인데 이때 '합당한 근거'는 필수다. 지원자는 증명의 합당한 근거로 다양하고 구체적인 자신만의 콘텐츠를 확보해야 한다.

산업, 기업, 직무 분석과 자기 분석의 결과로 확보된 콘텐츠는 자기소개서 작성의 과정에서 어떻게 활용될까? 우선 이해를 돕기 위해 자기소개서에 나오는 주요 질문의 종류와 '산업, 기업, 직무 분석의 결과 활용도'를 정리했다.

⬛ 산업, 기업, 직무 및 자기 분석의 자기소개서 항목별 활용도

	산업 및 기업분석	직무 분석	자기 분석
성장 과정	△	△	☆
성격상 장단점	△	○	☆
지원 동기	☆	☆	☆
입사 후 포부	☆	☆	△
경험 사례	○	☆	☆
전략, 아이디어 제시	☆	○	△

☆: 활용도 매우 높음, ○: 활용도 높음, △: 활용 가능

이렇듯 산업, 기업, 직무 및 자기 분석은 서류 전형을 통과하는 데 필수적인 과정이지만 또 다른 측면에서도 의미가 크다. 바로 '내게 잘 맞는 일을 찾기 위해서' 필요하다.

직업은 한 번 선택하면 상당 기간 동안 지원자의 인생에 지대한 영향을 준다. 그러므로 앞에서 언급한 분석은 매우 중요하다. 향후 산업 전망, 기업의 비전, 직무와 내 성격의 적합성 등에 대해 충분한 고민 없이 취업 분야를 결정한다는 것은 자신의 인생에 대해 너무 무책임하다고 할 수 있다.

산업, 기업, 직무 및 자기 분석은 앞으로 인생을 행복하게 보내기 위한 매우 중요한 과정이라는 사실을 잊지 말자. 이제부터 본격적으로 구체적인 분석 전략에 대해 알아보겠다.

목표 성취 경험

자신에게 요구된 것보다 더 높은 목표를 스스로 세워 시도했던 경험 중 가장 기억에 남는 것은 무엇입니까?

대학교 2학년 때 연극 동아리에 들어가게 되었습니다. 스스로 친화력이 강하다고 생각하지만 가끔 많은 사람 앞에서 발표나 토론을 하면 부담감이 커져 긴장합니다. 그래서 많은 사람 앞에서 공연을 하면 제 단점을 극복할 수 있겠다고 생각했습니다. 또한 다양한 학교, 학과에 다니는 친구들과 교류하면서 저와는 다른 환경의 친구들이 갖고 있는 생각에 대해 알고 싶었습니다.

동아리는 매년 4회 공연을 해왔습니다. 저는 좀 더 참신한 도전을 하고 싶어 연극과 유사하면서도 다른 뮤지컬을 회의 시간에 제안했습니다. 의외로 쉽게 뮤지컬로 결정이 되었습니다.

그런데 큰 문제가 발생했습니다. 뮤지컬은 연극과 다르게 많은 무대 장치와 음향 장치가 필요했고 장소를 구하기도 쉽지 않았습니다. 저를 비롯해 동아리 회원들은 공연 장소를 찾는 일부터 시작했습니다. 그 결과 연극할 때 빌린 소극장보다 더

저렴하게 ○○대학교 대강당을 구하게 되었습니다. 더 좋은 환경에서 연습할 수 있었고 공연도 어느 해보다 성공적으로 마칠 수 있었습니다.

도전 정신을 갖고 변화를 준 시도는 동아리를 발전시키고 활동 영역을 넓히는 데 크게 기여했습니다. 도전 정신이 있으면 결과가 더 좋게 된다는 사실도 깨달았습니다. 앞으로 △△사의 발전을 위해 플랜트 엔지니어로서 새로운 도전과 노력을 해나가겠습니다.

GOOD POINT

스펙, 업무와 관련된 경험이 부족하다고 포기해서는 안 된다는 것을 보여주는 합격 사례. 얼핏 생각하면 지원 분야인 플랜트 엔지니어와 관련 없어 보이는 동아리 이야기 같아 보인다. 하지만 상황에 적극적으로 임하는 모습을 통해 플랜트 엔지니어에게 필요한 도전 정신과 추진력 등을 성공적으로 보여줬다.

02

산업의 흐름을
정확히 파악하라

    미국에서 유학할 때, 샌프란시스코에 위치한 닷지앤콕스 인베스트먼트 매니지먼트의 해외 주식 리서치 부서에서 인턴을 한 적이 있었다. 매일 아침 샌프란시스코 역에 내려 버스로 갈아타면서 출근했는데, 매일 새로운 업무를 배운다는 자세로 출근했던 기억이 아직도 생생하다.

    사무실은 샌프란시스코 상업 중심지의 뱅크 오브 아메리카 빌딩 고층에 있었다. 창밖으로 샌프란시스코의 금문교와 해안가가 보일 정도로 전망이 좋았다. 빌딩에는 다른 금융 회사들도 입주해 있어서 미국 금융 회사의 분위기를 다양하게 느낄 수 있었다.

해외 주식 리서치 부서에서 리서치 애널리스트들을 보조했는데 좀 더 자세히 설명하면 삼성전자, 현대자동차, KT, 소니, 토요타자동차 등 한국과 일본의 주요 대기업 경영 현황을 분석하고 투자 판단을 지원하는 업무를 담당했다.

애널리스트들은 국내외 경제 상황과 산업, 기업별 정보를 수집하고 분석해 해당 산업의 동향을 전망한다. 또한 기업의 경영 환경 및 재무 현황 등에 대한 다각적인 분석으로 특정 기업의 향후 주가를 전망하기도 한다. 그래서 애널리스트를 산업 및 기업 분석에서 최고의 전문가라고 한다. 취업 준비생들도 애널리스트처럼 날카로운 눈으로 산업과 기업을 바라볼 수 있어야 한다. 왜냐하면 자신이 입사하고 싶은 기업과 산업의 흐름을 아는 것은 채용 담당자에게 강한 인상을 줄 뿐만 아니라, 자신이 가고자 하는 분야가 유망한지를 파악하는 길이기 때문이다.

앞으로 소개할 산업 및 기업 분석의 툴Tool은 애널리스트들의 전문적인 산업 및 기업 분석의 방법을 취업 준비에 적합하게 활용할 수 있도록 적절하게 변형하여 개발한 것이다. 물론 이 책에서 소개하는 산업 및 기업 분석 전략을 모든 기업에 적용할 수는 없다. 규모가 작은 기업의 경우에는 공개된 정보가

턱없이 부족해 조사 자체가 어려울 수 있기 때문이다. 하지만 규모가 작다고 해서 분석할 항목이 달라지는 것은 아니다. 유사한 분야의 대기업 사례를 참고하면 충분히 파악할 수 있다. 규모가 작은 기업에 지원할 경우 좀 더 노력과 관심을 보이면 채용 담당자들에게 더 크게 어필할 수 있다는 것을 명심하길 바란다.

우리나라의 대표적인 산업 분류를 적은 것이 다음 표이다. 우리나라도 시대에 따라 산업별 흥망성쇠가 있었고 그에 따라 취업 지원자들에게 인기 있는 산업과 직종도 변했다. 과거 1990년대 중후반까지는 중화학공업, 건설업, 조선업 등이 호황이었다면 2000년대 이후에는 자동차, 전자, 통신, 게임 등 IT 산업이

◪ 대표적 산업 분류

생활용품	일반 생활용품, 식료품, 제과, 화장품, 패션 등
유통, 상사	홈쇼핑, 쇼핑몰, 백화점, 마트, 편의점, 외식, 상사 등
미디어, 교육, 레저	광고, 포털, 게임, 엔터테인먼트, 여행 및 호텔, 교육 등
건설, 기계, 중공업	건설, 조선, 기계, 중장비, 플랜트, 철강 등
자동차	자동차, 자동차 부품, 타이어 등
운송	해운, 항공, 택배 등
화학, 에너지	정유, 석유화학, 에너지, 화학, 제약 등
전자	가전, 휴대전화, 통신사, 반도체, 전자 부품, 전선 등
금융	은행, 증권, 보험, 카드, 자산 운용 등

호황이었다. 이런 변화에 맞춰 지원자들의 취업 선호도도 자연스럽게 바뀌었다.

산업을 분석하는 방식은 다양하지만, 자기소개서 작성을 위해 가장 효과적으로 사용할 수 있는 대표적인 방식에는 하향식 Top-Down과 상향식Bottom-Up이 있다.

① 하향식 방식

취업 준비생이 산업을 분석할 때 가장 먼저 할 일은, 산업의 큰 분류 체계로 보고 나서 세부 업종에는 무엇이 있는지 순차적으로 파악하는 것이다. 예를 들어, 생활용품에는 일반 생활용품, 식료품, 제과, 화장품 등 세부 업종이 포함되어 있다.

이처럼 산업의 전체적인 윤곽을 파악한 다음, 깊이 알아볼 세부적인 업종을 선정해서 개별 기업 단위까지 내려가 상세히 살펴보는 것이 하향식 방식이다.

하향식 방식의 시작은 바로 거시 경제와 산업 전체에 대한 이해다. 특히 GDP, 환율, 관세, 국제 유가 등의 거시 경제 지표는 산업별로 다른 영향을 주는데 하향식 방식의 분석에서는 이러한 관계를 폭넓게 이해하는 과정이 중요하다. 다음의 예를 살펴보자.

국제 유가가 하락하면 항공업계의 원가도 하락한다. 이에 따라 대한항공과 아시아나항공처럼 항공 산업을 하는 기업들에게는 긍정적인 영향이 발생한다. 반대로 정유업계는 원유 구입 시기와 제품 판매 시기의 차이 때문에 재고 평가 손실이 커지게 된다. 이에 따라 SK이노베이션, GS칼텍스, S-OIL 등 대표적인 정유사들은 수익성이 악화된다.

이처럼 하향식 방식을 통해 거시적인 경제 흐름이 개별 기업에 주는 영향을 파악할 수 있다.

② **상향식 방식**

앞에서 제시한 산업 분류를 보면 쉽게 알 수 있듯이 산업은 결국 세부 업종의 집합이고, 세부 업종은 개별 기업들의 총합이다. 산업을 분석하는 방법이 기업을 분석하는 방법과 맞닿아 있는 이유가 여기에 있다.

관심 있는 산업의 개별 기업들에 대해 상세히 분석하면 세부 업종의 특징이 보인다. 그리고 그 세부 업종의 특징들을 거시적으로 살펴보면 해당 산업의 트렌드를 파악할 수 있다. 다음 예를 통해 산업 분석에서의 상향식 방식을 이해해 보자.

피처폰이 중심이었던 휴대전화 산업에서 애플의 아이폰 출시는 전체 산업의 변화를 이끌어낸 신호탄이 되었다. 이후 삼성전자, LG전자 등은 스마트폰 개발에 박차를 가하게 되었고 이내 휴대전화 산업에서 스마트폰이 대세로 접어들게 되었다.

스마트폰이 휴대전화 산업의 트렌드로 자리 잡게 되자 스마트폰에서 활용할 수 있는 각종 모바일 애플리케이션이 활성화가 되었고, 이는 모바일 분야 소프트웨어 산업의 전반적인 발전을 이끌게 되었다. 이에 따라 PC가 지배하고 있던 소프트웨어 산업에서 모바일 소프트웨어가 또 다른 축을 형성하게 되었다.

이렇게 개별 기업의 특징을 총합해 세부 업종의 트렌드를 파악하고, 더 나아가 (상위) 산업의 흐름을 파악하는 것이 상향식 방식이다.

상향식 방식이 개별 기업의 특징을 상세히 분석하는 것으로 시작된다고 볼 때, 앞으로 상세히 살펴볼 기업 분석 전략은 곧 상향식 방식의 기본이 된다고 할 수 있다. 기업 분석의 방법을 정확히 아는 것은 해당 기업들의 총합인 산업을 정확히 파악하는 출발점이 된다.

지원 동기

이 분야에 지원한 동기를 간단히 기술해주시기 바랍니다.

미국, 유럽 등 선진국에서 주도하고 있는 트렌드에 발맞춰, 친환경과 경제성을 같이 도모할 수 있는 자동차의 수요는 점차 증가하고 있습니다. 이러한 트렌드를 반영해 자동차 부품 업계도 부품을 정밀하게 제어하여 고기능, 저연료 소비를 이끌어 낼 수 있는 전자화가 가속적으로 진행되고 있습니다. 이에 따라 자동차 부품 산업에서도 전자 공학의 지식을 보유한 엔지니어의 수요와 중요성이 지속적으로 증가할 것으로 확신하였고 이 분야로 진로를 결심했습니다.

자신의 경험을
분석하고 연결하라

애플을 창업한 고故 스티브 잡스의 스탠퍼드 대학교 졸업식 연설은 전 세계 많은 사람의 가슴에 깊은 울림을 줬다.

14분 30초 동안 진행된 연설에서 우리는 그의 인생철학과 성공의 비결을 엿볼 수 있었다. 대학을 졸업하지 못했기 때문에 연설하는 날이 대학 졸업식을 가장 가까이에서 본 것이라는 재치 넘치는 말로 시작된 그의 이야기는 바로 '경험 연결하기 Connecting the dots'에 대한 내용이었다.

스티브 잡스는 비싼 학비에 비해 대학 졸업장이 과연 그만한 가치가 있는지 고민하다가 6개월 만에 자퇴했다. 하지만 그는 자퇴를 해서 사업에 도움되는 영감을 많이 얻었다. 바로 흥미 없는 필수 과목보다 관심 있는 강의만 골라 들을 수 있었기 때문이다. 한 가지 예로, 이 시기에 서체 강의를 들으면서 문자 배열에 대한 경험을 하게 된다. 이 경험이 10년 후 매킨토시 컴퓨터의 서체 디자인에 연결되어 큰 도움을 준 것이다.

대학을 다닐 당시에는 어떤 경험이 연결되는지 모르지만 10년 후에는 연결이 가능하니 현재의 경험이 앞으로 어떻게든 연결될 것이라는 믿음이 필요하다고 강조했다.

나를 분석하는 '자기 분석'은 바로 이렇게 대학 생활 등 과거의 인생 경험들을 지원 분야에 맞춰 연결하는 과정 Connecting the dots looking backward**이다.** 과거를 돌아보면서 지원하는 산업, 기업, 직무에 필요한 역량을 잘 보여줄 수 있는 경험을 선별하고 각각의 경험을 흥미로운 이야기로 재구성한 다음, 일관성 있게 서로 연결하면서 표현해야 한다.

그렇다면 이렇게 자신의 경험을 철저히 분석하고 지원 분야에 맞춰 연결하기 위한 자기 분석 전략에 대해 상세히 알아보자. 자기소개서의 주제가 '자기 자신'이므로 자기 분석은 매우 중요한 과정이다. 또한 직무 분석을 통해 자신에게 적합한 직무를 찾기 위해서 반드시 선행되어야 한다.

자기소개서 작성을 위한 자기 분석은 크게 3가지로 진행한다.

이력서에 쓸 **'스펙 분석'**, 시기별 또는 상황별로 구분해 자기소개서에 활용할 경험 사례를 찾는 **'주요 경험 분석'**, 마지막으로 기업이 요구하는 실무 능력을 보여주기 위한 **'역량 분석'** 순으로 하는 것이다. 기업은 이력서 내용을 통해 지원자의 스펙을, 자기소개서에 있는 주요 경험을 통해 지원자가 갖춰야 할 역량과 적합한 성격을 파악한다.

자기 자신을 정확히 이해하면 자기소개서를 제대로 작성할 수 있는 방법을 알게 될 뿐만 아니라 자신에게 적합한 직무를 선택하는 기준이 되어 앞으로 성공적이고 만족스러운 회사 생활을 할 가능성이 매우 높다. 이력서, 자기소개서를 검토하고 면접을 보는 채용의 모든 과정은 '이 기업에서 해당 직무에 성공적으로 적응해 장기적인 성과를 낼 수 있는 사람'을 선발하기 위함이라는 것을 잊지 말아야 한다.

① **스펙 분석**

현재 자신의 이력 사항을 검토하면 스펙과 관련한 강점과 약점을 파악할 수 있다. 영어 성적, 자격증 등 지원 분야와 관련 있는 스펙은 미리 확인해서 스펙의 강점은 강조하고 약점은 보완한다.

이력 사항 분석

● 학력 사항

입학 연월	졸업 연월	학교명	전공 (부, 복수 포함)	졸업 구분 졸업/수료/재학/휴학	소재지	학점	전공 평점
		대학원		석사( ), 박사( )		/	/
		대학교				/	/

● 경력 사항(정규직, 인턴, 아르바이트 포함)

근무 기간	직장명	직위	주요 업무
~			
~			
~			

● 과외 활동(동아리, 봉사활동, 공모전 등)

활동 기간	동아리명, 단체명	담당	주요 활동
~			
~			
~			

● 외국어 능력

영어 공인 시험	TOEIC: 점 TOEFL: 점 TOEIC Speaking: 급 OPIC: 급 기타:	제2 외국어	수준	공인 시험 점수 또는 급
			상 / 중 / 하	
			상 / 중 / 하	
			상 / 중 / 하	

● 교환 학생, 어학연수 등 해외 거주 경험

기간	경험 내용
~	
~	
~	

● 자격증

자격증명	취득일자	등급

● 기타 사항

② 주요 경험 분석

시기별 또는 상황별로 주요 경험을 파악하는 과정은 자신의 이야기를 파악해서 자기소개서 소재로 활용하기 위해 중요하다. 되도록 지원하는 산업, 기업, 직무 등에 관련 있는 내용이면 좋겠지만 직접적인 관련이 있어 보이지 않는 것까지 파악해서 다양한 경험을 적도록 한다.

기억이 정확히 나지 않으면 당시 함께 활동했던 친구나 선후배들에게 묻고 프로젝트나 리포트라면 컴퓨터의 폴더를 다시 열어 보거나 예전 이메일에서 찾는 노력이 필요하다. 자기소개서에 담을 이야기 하나 이상은 시기별로 확보한다. 단, 대학 입학 전과 군대 시절은 기업에서 그리 관심을 갖지 않는 시기니 아주 특별한 경험 사례가 아니면 활용할 필요는 없다.

보통 이야기가 될 만한 경험 사례는 다음과 같다. 물론 이외에도 다양할 수 있으니 생각을 확대하도록 해본다.

- 학업 관련 사례: 주요 과목과 관련한 에피소드, 학과의 프로젝트 진행 사례, 유학이나 어학연수 등 해외 경험 사례, 학점이 좋았거나 나빴던 사례와 그 이유 등.
- 경력 관련 사례: 인턴 경험, 아르바이트 경험, 창업 경험 등.
- 과외 활동: 동아리 및 학회 참석 경험, 공모전 응시 경험, 봉사활동, 수상 내역, 여행(국내 및 해외) 등.

주요 경험 분석표

	기간	활동명 / 담당 직책	주요 경험 사례
대학 입학 이전	~		
1학년 1학기	~		
1학년 여름 방학	~		
1학년 2학기	~		
1학년 겨울 방학	~		
2학년 1학기	~		
2학년 여름 방학	~		
2학년 2학기	~		
2학년 겨울 방학	~		
3학년 1학기	~		
3학년 여름 방학	~		
3학년 2학기	~		
3학년 겨울 방학	~		
4학년 1학기	~		
4학년 여름 방학	~		
4학년 2학기	~		
4학년 겨울 방학	~		
휴학 기간	~		
졸업 후	~		

③ 역량 분석

마지막으로 자신의 역량을 보여줘야 하는데 기업이 어떤 역량을 원하는지부터 알아야 한다. 그리고 나서 기업이 원하는 역량에 맞춰 자신의 능력을 자기소개서에 나타내면 효과적이다. 주요 기업들의 인재상, 자기소개서와 면접의 질문 사례를 분석한 자료 그리고 삼성, 현대, LG 등 10여 개 대기업의 인사담당자들과의 인터뷰를 통해 알게 된 내용을 합쳐서 현재 기업이 원하는 지원자의 역량에 대해 정리했다.

기업이 원하는 지원자의 역량은 (생각하는 부분에 대한 비중이 큰) '사고력'과 (행동으로 옮기는 부분에 대한 비중이 큰) '실행력'으로 나뉜다. 사고력에 해당하는 역량은 8개, 실행력에 해당하는 역량은 15개로 구분된다. 물론 직무나 업무에 따라 공통적으로 필요한 역량이 있는가 하면 조금씩 다른 경우도 있지만 총 23개의 역량은 기본적으로 알고 있어야 한다. 이 23개의 역량들이 무엇을 의미하는지 안 다음, 앞에서 정리한 자신의 경험 사례들 중 해당 역량을 가장 잘 표현할 것 중심으로 적으면 자기소개서의 좋은 내용이 될 것이다.

- 사고력: 타고난 성격에 영향을 많이 받고 눈에 띄는 개선을 위해서는 장기간의 노력이 필요하다. 경험 사례를 적고 '자기분석'에 1점~10점 척도로 평가해보자.

역량	정의	주요 경험 사례	자기 분석
논리적 사고력	말, 글, 사고 등을 논리적이며 이치에 맞게 이끄는 능력.		
신중함(꼼꼼함)	빈틈없이 차분하고 조심스럽게 대하는 자세.		
타인 배려, 공감 능력	다른 사람의 감정이나 생각에 민감하면서 효과적으로 대응하는 능력.		
현실적 감각	추상적이지 않고 단기간에 실현 가능한 방식이나 내용을 선호하는 자세.		
이상적 감각	시간이 오래 걸리고 성공 가능성이 낮더라도 생각할 수 있는 범위 안에서 가장 완전하다고 여겨지는 것을 추구한다. 또한 가능하면 더 바람직하고 완벽한 형태로 일을 추진하거나 마무리하려고 한다.		
창의력	기존의 사고방식을 벗어나 새로운 아이디어를 내며 독창적이면서 다양하게 발상이나 상상력을 발휘한다.		
자기 효능감	업무 추진에 있어 자신감이 있고 스스로에 대한 자부심이 확실해 매사에 당당하다.		
도덕성	도덕규범을 준수하고 정의를 실현하려는 자세.		

● 실행력 : 사고력이나 성격에 영향을 받지만 업무를 실행할 때 외면에서 드러나는 것인 만큼 마음가짐과 지속적인 노력에 따라 단기간에 개선될 수 있다. 마찬가지로 경험 사례를 적고 '자기 분석'에 1점~10점 척도로 평가해보자.

역량	정의	주요 경험 사례	자기 분석
구두 커뮤니케이션 능력	사람들에게 자신의 생각, 느낌 등을 효과적인 구두로 주고받는 능력.		
문서 커뮤니케이션 능력	사람들에게 자신의 생각, 느낌 등을 글이나 문서로 원활하게 주고받는 능력.		
문제 해결 능력	제약 조건에서 목표와 현재 상황의 차이를 파악하고 목표를 이루기 위해 해결책을 찾는 능력.		
추진력	생각을 행동으로 바로 실천하며 일을 행동력 있게 밀고 나가는 능력.		
협업 능력	팀원들과 서로 마음과 힘을 합해 일을 추진하는 자세.		
글로벌 역량	업무에 활용이 가능한 외국어 실력과 외국인들의 사고와 문화를 이해할 수 있는 능력.		
성실성	일에 대해 성실하고 부지런한 자세.		
책임감	맡은 일을 중요하게 여기면서 끝까지 책임지는 자세.		
도전 정신	새로운 분야나 자신의 한계를 넘는 시도를 과감하게 하는 자세.		
실패 및 난관 극복 자세	실패나 어려운 상황을 포기하지 않고 이겨내는 자세.		
끈기	한 가지 일을 오랜 시간 동안 지속적이고 꾸준히 해나가는 자세.		
친화력(대인 관계 능력)	다른 사람들과 잘 어울리는 능력.		
자기 계발 의지	자신의 발전을 위해 스스로 동기부여를 하고 목표 달성을 위해 끊임없이 노력하는 자세.		
융통성	상황에 따라 적절하게 대처하는 능력.		
리더십	집단의 목표를 달성하도록 유도하는 지도력과 통솔력 및 자질.		

성취 경험

**대학 생활 중 가장 뛰어난 성과를 이뤄냈던 경험을 구체적으로 적어
주시기 바랍니다.**

다양한 업무 경험을 하고 싶어 여러 곳을 다녔는데 ○○방송
국에서 신문 기사 스크랩 업무를 담당한 적이 있었습니다.
토요일 새벽 3시 30분에서 6시까지 이른 작업 시간이었지만
9개월 동안 금요일 저녁에는 약속을 잡지 않고 일찍 자면서
하루도 늦지 않고 출근했습니다.

금요일과 토요일에 나오는 신문 총 10부에 나오는 기사를 2
시간 30분이라는 제한된 시간 안에 파악하는 것은 쉽지 않은
작업입니다. 6시 30분 방송에 쓸 기사이기 때문에 조금이라
도 늦으면 방송 사고가 나는 긴장된 상황의 연속이었습니다.
기사 내용을 분석한 후에는 방송에 적합한 기사만을 오려서
아침 뉴스 시간에 나올 스튜디오 안의 대형 게시판에 붙입니
다. 40개 정도의 기사를 게시판에 붙이는데 이때 리포터가
설명할 수 있는 순서뿐만 아니라 카메라의 움직임까지 고려
해야 해서 매우 힘든 작업이었습니다.

스포츠와 연예 분야는 저의 주된 관심 분야가 아니어서 가끔

내용 파악에 시간이 더 걸리는 바람에 방송 시간을 간신히 맞추는 아슬아슬한 상황도 있었습니다. 맡은 업무를 신속하고 정확하게 처리하기 위해 스포츠와 연예 분야에 관심을 가지려고 하루에 스포츠 신문을 2개씩 읽으면서 최신 이슈들을 파악했습니다. 기사를 모두 읽다 보니 2시간이 훌쩍 지나간 적도 있었습니다. 또한 뉴스에 나오는 게시판과 같은 크기의 게시판에 기사 배치 연습을 따로 했고 가족에게 보여주면서 의견을 묻기도 했습니다.

이러한 노력의 결과로 한 달 후부터는 항상 방송 시작 전에 작업을 마칠 수 있었습니다. PD로부터 "내용 면에 있어서도 지적할 것이 거의 없다. 지난 몇 년간 이렇게 빨리 업무를 파악한 사람은 없었다"라는 칭찬을 들었습니다.

GOOD POINT

대학 생활 경험 중 독특한 사례를 소개하면서 흥미를 유도하고 지원 직무에 필요한 성실성, 문제 해결 능력 등을 성공적으로 부각시켰다. 공대생인데도 방송국에서 아르바이트 경험을 했다는 것 자체가 채용 담당자들에게 매우 신선했으며 자신을 다른 지원자들과 성공적으로 차별화되게 표현했다.

04

기업 정보를
활용하라

　　　'보물지도'는 보물이 어디에 묻혀 있는지를 알려
주는 지도다. '기업 정보'라는 보물을 찾기 위해서 우리는 '무엇
을', '어디서' 찾아야 하는지 파악할 수 있는 지도를 갖고 있어
야 한다. 기업 정보는 자기소개서를 작성할 때 지원 동기, 입사
후 포부 등의 주요 질문에 대한 답변을 작성하는데 매우 중요한
재료다.

　다음에 소개한 '기업 정보의 보물지도'는 기업 정보를 무료
로 알 수 있게 해주므로, 취업 준비생들에게 필요한 보물지도가
된다. 이 보물지도를 통해 기업 분석의 필수 항목을 파악할 수

⬇ 기업 정보의 보물지도

콘텐츠 소스 / 기업 분석 필수 항목	해당 기업 홈페이지				그 외 다양한 사이트				
	회사 소개, 대표이사 메시지	연차 보고서, IR 자료	홍보센터 (보도 자료)	인재 채용	금감원 전자 공시 시스템	기사 검색	증권사 분석 리포트	경제 연구소 자료	산업 협회, 코트라
사업 내용	☆	☆	○	◎	☆	○	◎	△	△
업계 순위, 업계 트렌드	◎	◎	☆	○	◎	☆	◎	◎	◎
제품 및 서비스의 차별점	☆	☆	☆	○	☆	☆	◎	○	○
인재상	☆	○	○	☆	○	○	△	△	△
수익 구조, 매출 및 순이익 추이	○	☆	◎	△	☆	◎	☆	△	△
성공 요인 또는 실패 요인	☆	☆	☆	○	☆	☆	◎	◎	◎
향후 전망 또는 전략	☆	☆	☆	○	☆	☆	☆	◎	◎
기업의 문화적 특징	◎	○	◎	☆	○	◎	○	△	△

☆: 활용도 매우 높음, ◎: 활용도 높음, ○: 활용 가능함, △: 활용 어려움

있을 뿐만 아니라 필수 항목들에 대한 내용, 즉 콘텐츠의 소스 source도 다양하게 얻을 수 있다. 이 '기업 정보의 보물지도'를 활용해 자기소개서에서 다른 지원자들과 차별화된 답변을 생각해 보자.

① '무엇을' 알아야 하는가 _ 기업 분석의 필수 항목

기업 분석의 필수 항목은 향후 소개할 자기소개서 작성의 필수적인 콘텐츠로 활용된다.

- 사업 내용: 어떤 제품 및 서비스로 어떤 사업을 하고 있는지 파악한다.
- 업계 순위, 업계 트렌드: 업계 내에서 1등인지, 상위권인지 순위를 파악하고 해당 업계의 전반적인 흐름과 키워드를 분석한다.
- 제품 및 서비스의 차별점: 타사와 대비해서 주요 제품 및 서비스의 강약점을 찾는다.
- 인재상: 가장 바람직하게 생각하는 인재상을 살펴본다.
- 수익 구조, 매출 및 순이익 추이: 주요 매출 구조, 비용 구조, 최근 3~5년 매출, 순이익 및 영업 이익의 추이 등을 파악한다.
- 성공 요인 또는 실패 요인: 성공했다면 성공할 수 있었던 경쟁 우위 요인을, 실패했다면 실패한 이유를 분석한다.
- 향후 전망 또는 전략: 현재 처해 있는 문제점과 이를 해결하기 위해 단기적, 중장기적으로 취해야 할 전략을 고민해본다.
- 기업의 문화적 특징: 위계질서를 강조하는지, 자유로운 문화인지 등 기업 조직의 특징을 살펴본다.

② '어디서' 찾아야 하는가 _ 콘텐츠 소스

기업 분석의 필수 항목을 조사하기 위해서는 가장 최신이면서 정확한 기업 관련 내용을 알고 있어야 한다. 그 방법은 다음과 같다.

- **해당 기업 홈페이지**: 회사 소개, 대표이사 메시지, 연차 보고서, IRInvestor Relation 자료, 홍보센터(보도 자료), 인재 채용 등의 홈페이지 메뉴를 통해 제품, 서비스의 가장 정확하고 상세한 정보를 얻을 수 있다.

- **금감원 전자 공시 시스템**: 상장 기업은 주주, 일반인에게 정확한 정보를 전달해주기 위해 금융감독원의 전자 공시 시스템 DART에 경영과 관련된 중요한 정보를 리포트 형태로 올려야 한다(dart.fss.or.kr). 특히 분기 보고서, 반기 보고서 등을 통해 해당 기업의 최신 정보를 알 수 있다.

- **기사 검색**: 네이버, 다음 등에서 검색으로 해당 기업의 최신 기사, 업계 트렌드뿐만 아니라 지나간 기사들을 통해 시간의 흐름에 따른 주요 이슈들의 추이도 볼 수 있다.

- **증권사 분석 리포트**: 국내외 증권사의 리포트는 특정 산업이나 기업의 사업 현황을 분석해 투자 여부를 제안하는 것이 주목적이지만 그 분석 내용으로 기업 현황과 향후 전망도 파악할 수 있다. 주요 증권사 홈페이지나 네이버 등에서 검색

하면 찾을 수 있다.

- **경제연구소 자료**: 삼성경제연구소, LG경제연구원, 포스코경영
  연구원 등에서 내놓는 자료를 보면 해당 기업과 관련 업계
  에 대한 전문가들의 심도 있는 분석 내용을 알 수 있다.
- **산업협회, 코트라**: 업계 전체를 포괄하는 협회의 홈페이지에서
  해당 업계의 현황과 전망을 알 수 있다. 또한 대한무역투자
  진흥공사인 코트라 홈페이지에서는 국가별 시장 자료 등
  거시적인 정보를 얻을 수 있다.

전자 회사 마케팅 직무 합격 사례
지원 동기

우리 회사에 지원한 동기를 기술해주시기 바랍니다.

중국, 인도 등 신흥국 전자 회사들의 약진과 주요 선진국의
자국 이기주의 시장 정책 때문에 ○○사는 성장에 어려움이
예상됩니다. 또한 그동안 협력 관계로 지속되어 오던 △△사
등 파트너 기업들이 점점 견제를 시작하는 상황도 향후 우려
되는 점 중 하나입니다.

이러한 어려움 속에서도 ○○사는 모바일 사업 분야에서 기

존 사업의 기술 개발을 지속적으로 하고 있으며 동시에 헬스 기기, 스마트 홈, 사물 인터넷과 같은 신규 사업 분야에도 새로운 도전을 시도하고 있습니다. A사와의 협력을 통한 웨어러블 기기 시장에서의 경쟁력 강화와 사물 인터넷 플랫폼 확보를 위한 B사 인수는 주목할 만한 성과라고 생각합니다.

저는 이렇게 새로운 분야에 적극적으로 도전하는 ○○사의 핵심적인 마케터가 되고 싶습니다.

GOOD POINT

지원한 기업이 현재 처한 상황을 거시적인 시각과 개별 기업의 시각, 양쪽에서 정확히 파악하고 있다. 중장기적 예측까지 상세하게 언급하여 해당 산업에 대한 깊이 있는 시각을 보여주는 지원 동기로 부각시켰다.

05

어떻게 나만의
무기를 만들까?

기업들은 신제품을 출시하기 전까지는 디자인이
나 새로운 기능 등 주요 특징을 사전에 노출되지 않도록 주의한
다. 예를 들어, 자동차 회사에서는 신차의 경우 차체를 위장막
으로 가리기도 한다. 시장에 제품을 내놓는 시기에 맞춰 비장의
무기(특징)를 꺼내야 치열한 경쟁에서 승리할 수 있기 때문이다.

취업 준비생도 마찬가지다. '취업 경쟁'이라는 링 위에서 나
만의 무기를 꺼내야 서류 전형 통과라는 승리를 얻을 수 있다.
그 무기에는 다른 취업 준비생과 차별화되는 요소가 있어야
한다.

앞에서 설명한 '콘텐츠 소스'를 활용해 기업 정보를 찾는 방법에 대해 좀 더 알아보자. 이 과정을 통해 남들이 미처 파악하지 못한 정보로 나만의 무기를 마련할 수 있을 것이다.

① 해당 기업 홈페이지

'등잔 밑이 어둡다'라는 속담이 있다. 가까이 있는데도 발견하지 못한다는 뜻이다. 이 속담은 기업 분석에도 적용된다. 기업 정보를 구하기 위해 유료 자료를 다운받고 도서관에서 자료를 찾지만 정작 해당 기업의 홈페이지는 보지 않는 경우도 많다. 하지만 기업 홈페이지만큼 그 기업에 대해 가장 정확하고 상세한 정보를 얻을 수 있는 곳은 없다. 특히 기업 고객을 대상으로 사업하는 B2B(Business to Business, 기업과 기업 간 거래) 기업의 경우에는 홈페이지에 제품의 특성을 상세히 설명하고 있으니 자기소개서에 활용할 정보를 찾을 수 있다. 홈페이지에 나오는 회사 소개, 대표이사 메시지, 연차 보고서, IR 자료, 홍보센터(보도 자료) 등에서 정보를 파악하는 방법을 알아보자.

- 회사 소개: 기업이 내세우는 강점, 성과 등이 가장 간결하고 명확하게 표현되어 있다. 사업 내용, 제품 및 서비스의 차별점, 성공 요인 등을 알 수 있다.

- 대표이사 메시지: 지금까지 이뤄온 성과와 향후 계획에 대해 담겨 있다. 특히 가장 큰 성과가 있었던 분야와 앞으로 집중할 분야를 알려주므로 성공 요인, 향후 전망 또는 전략 등을 알게 된다.

- 연차 보고서: 한 해 동안의 성과와 내년 계획에 대해 잘 정리되어 있다. 특히 매출 현황이나 재무 정보를 구체적으로 보여주기 때문에 기업의 현황을 수치로 정확히 확인할 수 있고 보기 좋은 형태로 되어 있어서 그 어떤 자료보다 쉽고 빠르게 정보를 이해할 수 있다.

  주로 '투자자 정보' 부분에 있으며, 일반적으로 직전년도의 결산이 완료되는 연초에 전년도의 연차 보고서가 올라간다. 하지만 매년 업데이트가 되지 않는 기업도 많다는 점이 아쉽다. 그렇다면 뒤에서 설명하는 금감원 전자 공시 시스템에서 해당 기업을 검색하여 살펴보면 된다.

  사업 내용과 제품 및 서비스의 차별점을 파악할 수 있으며 사업 부문별로 향후 발전 목표를 명시하는 경우도 많아 향후 전망 및 전략에 대해 알 수 있다. 3~4년 동안 매출과 영업 이익의 추이를 보기 쉽게 정리한 경우가 많아서 이를 통해 해당 기업의 성장성을 파악하기 쉽다.

- IR 자료: 연차 보고서처럼 다양한 프레젠테이션 자료가 있

다. 보통 특별한 행사에서 투자자들에게 회사의 현황과 실적을 보여주거나 발표하기 위해 만들어진 자료로, 이해하기 편하게 파워포인트 형태로 만들어진 경우가 많다. 연차보고서보다 최신 정보, 심도 있는 분석 결과가 더 있을 수 있으므로 반드시 참고한다. 사업 부문별 매출 및 순이익 추이, 향후 전망 등을 알 수 있다.

- 홍보센터(보도 자료): 대부분 보도 자료로 정보를 제공하는 홍보센터는 일반적으로 홍보팀이 운영한다. 홍보팀의 중요한 임무 중 하나가 수많은 언론사에 신제품 정보나 사회봉사 행사 등 기업의 이미지에 영향을 주는 기사를 내보내는 것이다. 그러므로 해당 기업이 언론을 통해 소비자들에게 알리고 싶은 자랑거리를 시기별로 모두 모아두었다고 봐도 과언이 아니다. 짧게는 몇 달, 길게는 몇 년간의 기사들을 전체적으로 보면서 해당 기업의 발전 과정이나 해당 분야의 트렌드를 알 수 있다.

보통 기업이 성장해온 과정과 비결, 향후 전망과 계획, 기업 문화 등이 기업에 대한 홍보의 주요 내용이므로 자기소개서에 활용이 가능한 정보를 찾을 수 있다. 특히 해당 분야에서 우위를 유지하고 있는 사업 부문이나 제품이 있으면 보도 자료를 이용해 업계 내 순위 등을 지속적으로 알려

준다. 이를 통해 해당 기업의 제품 및 기술의 차별점을 제대로 파악할 수 있다.

- 인재 채용: 기업이 원하는 인재상, 기업 문화, 주요 직무에 대한 소개 등의 정보를 얻게 된다. 이러한 정보를 통해 자기소개서에 강조할 자신의 경험과 역량을 파악할 수 있다. 예를 들어, '대학 생활을 하면서 가장 뛰어난 성과를 이뤄냈던 경험을 구체적으로 적으시오'에 대해 서술하게 되었는데 마침 해당 기업의 인재상에서 '열정'이라는 부분을 발견했다면 이 '열정'을 중점적으로 부각시킨다.

  또한 채용 사이트의 '기업 문화' 부분에서 '소통과 창의성을 강조하는 기업의 문화적 특징'을 파악했다면 자기소개서에 소통을 증진시켰거나 창의성을 발휘했던 사례를 강조하면 돋보일 수 있다. 주요 기업들은 채용 사이트에서 회사의 주요 직무에 대한 소개를 상세히 하므로 특정 직무와 자신과의 적합성을 연결하는 데 도움이 된다.

② 그 외 다양한 사이트

- 금감원 전자 공시 시스템: 상장 기업의 공시서류를 투자자 등이 인터넷에서 조회할 수 있도록 금융감독원이 운영하는 것으로 DART_{Data Analysis, Retrieval and Transfer System}라고 한다. 정기

적으로 업데이트가 되는 분기 보고서, 반기 보고서 등을 통해 기업의 최신 경영 현황을 알 수 있다.

이 사이트에 나오는 기업 정보는 다양하고 깊이가 있기 때문에 자기소개서를 작성할 때 반드시 참고해야 하는 보물창고다. 특히 '사업의 개요' 부분은 해당 산업을 조망하고 해당 기업의 특징을 상세하게 보여줘서 사업의 전반적인 이해에 많은 도움이 된다. 여기서 주요 사업들의 특징과 현황부터 주요 제품들의 종류와 강점, 그리고 사업 부문별 전략 등을 알 수 있다. 해당 기업의 사업 부문별 강점을 파악하거나 자신의 관심 분야와 일치하는 사업 분야를 찾아보면 자기소개서의 지원 동기에 활용할 콘텐츠를 얻을 수 있다.

- 기사 검색: 네이버, 구글 등의 주요 검색 사이트에서 특정 키워드나 키워드의 조합으로 검색하면 해당 기업의 현황, 최신 제품의 특징, 마케팅 트렌드 등을 다양하게 살펴볼 수 있다. 기업명만으로 검색하지 말고 관심 있는 키워드를 함께 넣어서 검색하면 좀 더 정확한 정보를 얻게 된다. 예를 들어, CJ제일제당 해외 마케팅에 지원하고 싶어 글로벌 시장에서 CJ제일제당의 위치를 알고 싶다고 해보자. 'CJ제일제당 글로벌' 이라는 키워드로 검색하면, CJ제일제당이 글로벌 시장에서 주력으로 삼고 있는 제품과 브랜드 정보를 파

악할 수 있다. 또한 'CJ제일제당 해외 마케팅'과 같은 키워드 조합으로 검색하면 해외에서 주력하고 있는 브랜드나 마케팅 사례를 찾을 수 있다. 이렇게 키워드를 조합해 검색하면 'CJ제일제당의 글로벌 브랜드에 대한 해외 마케팅 전략을 수립하라' 와 같은 질문에 대한 답변의 콘텐츠를 확보하게 된다.

자기소개서를 작성하기 전에 기업의 정보를 알고자 반드시 검색해봐야 하는 키워드의 조합은 다음과 같다.

- 지원 회사명 + 지원 직무

  ㉔ 삼성전자 + 해외 마케팅 → 삼성전자의 해외 마케팅 전략과 최근 해외 시장에서의 마케팅 기법 적용 사례, 성공 사례 등을 찾아볼 수 있다.

- 지원 회사명 + 주요 경쟁사

  ㉔ 삼성전자 + 애플 → 삼성전자와 애플 사이의 경쟁 현황과 시장 점유율 등을 파악할 수 있다.

- 지원 회사명 + 주력 제품 또는 브랜드 이름

  ㉔ 삼성전자 + 갤럭시 → 삼성전자의 스마트폰 갤럭시의 특징, 시장 반응 등을 찾아볼 수 있다.

- 지원 회사의 주력 제품 + 주요 경쟁사의 주력 제품

  ㉔ 갤럭시 + 아이폰 → 갤럭시와 경쟁 제품 간의 경쟁력 비

교 분석, 제품별 강점과 약점 등을 파악할 수 있다.

– 지원 회사명 + 관심 이슈

⑩ 삼성전자 + 신사업 → 삼성전자의 신사업으로 거론되는 사물 인터넷, 헬스케어 등에 대해 알 수 있다.

- 증권사 분석 리포트: 증권사의 리서치 센터에서 해당 산업 분야를 담당하고 있는 애널리스트들이 작성한다. 이 리포트는 특정 산업이나 기업의 사업 현황을 정기적으로 분석해 해당 산업과 기업의 투자 여부를 제안하는 것이 목적이다. 애널리스트들은 해당 산업과 기업에 대해 가장 잘 알고 있는 전문가들이며 경우에 따라서는 인맥으로 깊이 있는 기업의 정보를 파악하기도 한다. 이러한 분석 리포트는 최신 정보에 기반하며 해당 기업의 강점과 약점, 향후 전망을 제공해줄 뿐만 아니라 업계 전체의 트렌드를 파악하는 데에도 도움을 많이 준다. 예를 들어, 증권사에서 발행한 '통신 서비스 관련 산업 분석' 리포트를 보면 최근 통신 산업의 가장 큰 이슈에 대해 그 배경과 상황, 향후 전망 등을 상세히 분석해 기록했다. 이러한 정보는 '해당 업계의 트렌드와 전망'을 파악하는 데 좋은 자료가 된다.

포털 사이트에서 검색으로 찾기 힘든 재무, 회계 부분과 사업 부문별 최근 실적을 바탕으로 향후 재무적 수치를 예측한 전문성 있는 내용도 있다.

리포트를 통해 해당 기업의 사업 내용, 제품 및 서비스의 차별점, 성공 요인 또는 실패 요인, 향후 전망 또는 전략 등 기업 분석에서 중요한 정보를 파악할 수 있다.

- **경제연구소 자료**: 삼성경제연구소, LG경제연구원 등의 대기업 계열 경제연구소 홈페이지에 들어가면 해당 업계에 대한 전문가들의 분석 자료를 볼 수 있다. 삼성, LG 등의 대기업은 우리나라 주요 산업 분야에 다양한 계열사를 두고 있어 제대로 된 보고서를 만들 가능성이 높다. 물론 주력 분야가 아니라도 전반적인 시장이나 소비자의 트렌드를 파악하기 위해서 꾸준히 조사와 보고서 작성을 진행하고 있다. 이러한 자료를 통해 업계 트렌드와 전략 등을 파악할 수 있다.

예를 들어, 경제연구소가 발표한 '사용자 체험 전략' 관련 보고서를 통해 전자 산업 분야의 트렌드로 반드시 알아야 하는 '사용자 체험'에 대한 지식을 얻을 수 있다. 전자 회사를 지원할 생각이 있다면 자기소개서에 '향후 전망'이나 '앞으로 취해야 할 전략'의 내용을 담는 부분에 활용이 가능하다.

특정 산업에 국한하지 않고 '직장인의 행복에 관한 연구', '금융 위기 이후 선진국의 중산층 변화와 전망'처럼 사회 및 시장의 변화를 분석한 자료도 많다. 요즘 자기소개서에는 사회의 변화에 대한 지원자의 의견을 묻는 질문이 나오기도 하니 시사 상식을 강화한다는 측면에서도 이러한 자료를 폭넓게 읽으면 좋다.

- 산업협회: 각종 산업 분야에는 공동의 이익을 위해 조직된 협회가 많다. 그 협회에서도 해당 분야와 관련된 정보를 조사하고 분석한 보고서를 내놓고 있다. 예를 들어 한국철강협회 홈페이지에 들어가면 철강 산업의 발전사, 현황, 관련 통계자료 등이 있다. 이를 통해 포스코, 현대제철 등 철강 기업들이 속해 있는 산업의 개요, 업계 트렌드, 향후 전망을 파악할 수 있다. 예를 들어, '정보 & 정책 이슈' 메뉴로 들어가면 우리나라 철강 산업의 연도별 발전사와 특징을 정리한 것이 나오는데 철강 산업의 역사와 흐름을 한눈에 볼 수 있다. 철강업계 지원자들에게 유용한 정보다.

'조사통계보고서' 메뉴의 월간 철강 산업 동향에서는 더욱 유용한 정보를 얻을 수 있다. 철강 산업을 전체적으로 조망할 수 있도록 연관된 거시 경제 동향과 수요 산업, 생산과 수급 현황, 주요 해외 이슈 등이 상세히 분석되고 정리되어 있다. 업계의 현황과 전망을 파악할 수 있는 매우 중요한 자료다. 세부적으로 들어가서 수요 산업에 대한 부분을 보면 건설, 자동차, 조선으로 대표되는 철강 산업의 주요 수요 사업 현황이 나온다. 이것은 철강업계에 지원하는 취업 준비생이 자기소개서를 쓸 때 '향후 전망', '향후 취해야 할 전략'에 필요한 콘텐츠가 된다.

무료로 좋은 정보를 제공해주는 협회가 있는가 하면, 유료 회원들에게만 제공하는 협회도 있으므로 간혹 이용에 어려움이 발생한다.

- 코트라: 국내외 기업 간의 투자 및 산업 협력 지원 등에 관한 업무를 수행하는 준정부기간인 코트라는 국내 기업들의 해외 비즈니스를 위한 인프라 역할을 담당하고 있다. 특히 해외 각 지역별 본부가 정기적으로 발표하는 해당 지역에 대한 보고서는 해외 마케팅, 해외 영업 등을 꿈꾸는 지원자들에게 매우 중요한 정보가 된다.

예를 들어, 북미 지역 진출 전략을 다룬 보고서를 상세히 살펴보면, 한-미 FTA, 한-캐나다 FTA 등 북미 지역 수출 및 수입 관련 기업들이 반드시 고려해야 할 굵직한 거시 경제적 '업계 트렌드'에 대해 정리한 것을 알게 된다. 관련 주요 내용, 효과와 유망 품목에 대한 정보 등을 파악할 수 있는데 유망 품목 중 하나인 자동차나 자동차 부품 회사에 지원한다면 자기소개서 문항 중 하나인 '업계 전망'에 활용할 수 있다.

해당 국가의 소비와 산업 트렌드도 잘 정리되어 있으니
기업들의 마케팅과 사업 전략을 구상할 때 참고하거나
해당 지역에 대한 진출 전략을 수립하는 데 활용이 가능
하다.

읽기만 하면 안 된다. 직접 해봐야 읽은 내용을 완벽하게 이
해할 수 있다. 지원하고 싶은 기업을 하나 정해 분석하면서 다
음의 표를 채워 보자.

◪실전! 기업 분석

항목	주요 사항
기업명	
사업 내용	
업계 순위	
업계 트렌드	
제품 및 서비스의 차별점	
인재상	
수익 구조, 매출 및 순이익 추이	
성공 요인 또는 실패 요인	
향후 전망 또는 (취해야 할) 전략	
기업의 문화적 특징	

지원 동기 및 입사 후 포부

지원 동기 및 입사 후 포부에 대해 기술해주시기 바랍니다.

다른 통신사들은 단지 빠른 속도로만 차별화를 하려고 노력했습니다. 하지만 저는 통신 속도만으로는 차별화에 분명 한계가 있다고 생각합니다. 현재의 LTE 속도에 불편함을 느끼지 않는 소비자들이 대부분이어서 더 빠른 속도만으로는 고객 대부분의 요구를 채워줄 수 없기 때문입니다.

이러한 상황에서 통신 서비스와 연관시킬 수 있는 다른 분야와의 융합 서비스를 차별화 전략으로 추구하는 ○○사의 전략이 바람직하다고 생각합니다. 그래서 현재 ○○사의 마케팅 전략 수립에 기여하고자 지원했습니다.

특히 저는 LTE 서비스의 강점을 내세우는 동시에 다른 콘텐츠와 결합한 융합 서비스에 좀 더 중점을 둔 마케팅 기획을 하겠습니다. 최근 △△사 인수 등 여러 방면으로 콘텐츠와 통신이 연계된 사업의 다각화를 추구하는 ○○사의 행보를 소비자들에게 구체적으로 홍보하는 동시에 통신 외의 다양한 분야에서도 수익성을 강화하는 데 기여하고 싶습니다.

소비자들에게 매번 참신하게 다가가서 ○○사를 기억할 수
있도록 끊임없이 고민하고 발전하는 마케터가 되겠습니다.

GOOD POINT

지원하는 기업이 갖고 있는 전략의 특징을 명확히 파악하고 있으며 이를
경쟁사들과 차별화하기 위한 마케팅 전략으로 활용하려는 취지를 잘 살
려서 표현했다. 특히 뉴스, 신문 기사 등을 통해 지원하는 기업의 특징과
최신 이슈를 파악해 구체적으로 언급하면서 그것을 회사의 마케팅 소재
로 활용하고 수익성 강화에 기여하겠다는 의지를 내비친 것이 주효했다.

06

삼성은 왜 직무적합성
평가를 할까?

최근 삼성은 지원자들이 입사시험인 삼성직무적
성검사를 보기 위해서는 직무적합성 평가를 통과하도록 채용
방식을 대폭 변경했다. **전공에 따라 직무 에세이 등이 추가되었
는데 사실상 자기소개서 전형이 부활했다고 보면 된다.** 직무에
대한 이해와 이와 관련한 경험을 자기소개서, 면접에서 강조하
는 것이 중요해졌다.

이러한 삼성의 변화는 다른 기업들에 영향을 미칠 가능성이
높으므로, 직무에 대한 철저한 이해와 함께 자기소개서에 자신
의 능력을 제대로 표현할 줄 알아야 한다. 그러므로 취업 준비

생들은 이러한 변화에 맞춰 자신의 경험을 단순하게 쓰지 말고 해당 직무에서 필요하게 여기는 역량을 자신의 경험으로 명확히 설명해야 한다. 지원하려는 직무에 대한 정확한 이해가 중요한 이유는 단지 채용 방식의 변화 때문만은 아니다.

어렵게 입사했지만 자신의 기대와 담당 직무가 너무 다르다는 이유로 퇴사를 고민하거나 결정한 경우를 너무 많이 봤다. 최근 한국경영자총협회의 조사 결과를 보면, 대졸 신입 사원 기준으로 1년 내 퇴사율이 25.2퍼센트로 집계되었다. 좀 더 자세히 보면 대기업은 11.3퍼센트인데 반해, 중소기업은 31.6퍼센트로 3배 정도 차이가 났다. 신입 사원이 퇴사하는 가장 큰 이유는 '조직 및 직무 적응 실패'가 절반 가까이 되었다.

직무에 대해 정확히 알고 지원하는 것은 취업의 관문을 통과하기 위한 차원에서도 중요하지만 입사 후에 성공적으로 적응하는 것과 관련해서도 매우 중요하다. 따라서 직무에 대한 분석은 자신이 제대로 할 수 있는 직무를 선정하는 부분까지 확대해야 한다. 그러기 위해서는 두 가지 단계가 필요하다.

첫 번째, 주요 직무들과 관련된 업무 내용을 파악한다. 해당 분야에 어떤 직무들이 있고 각각 어떤 일을 하는지 정확히 알아야 한다. 그런 다음에 직무별로 필요한 역량과 성격을 확인한다. 두 번째, 자신이 강점을 갖고 있는 역량이 어떤 직무와 잘 연결되는지 파악한다.

다음은 취업 준비생들이 지원하는 대표적인 직무 19가지에 대해 분석한 것이다. 직무의 성격 및 내용, 연결되는 관련 교육, 주요 역량 등을 고려해 자신에게 가장 적합한 직무를 한번 선택해보자. 여기서 '주요 역량'은 앞에서 언급했던 사고력, 실행력의 역량 중에서 골랐다.

분류 1. 경영 지원 직군

① 기획, 전략

- 업무 내용: 회사의 가치를 극대화하기 위해 각 사업부와 협조하며 사업 기획, 전략 수립, 실행 및 관리하는 역할을 한다. 장기적인 전략을 세우고 단계적으로 달성해야 하는 목표를 수립한다. 계획대로 업무가 진행되어 목표를 달성할 수 있도록 각 사업부를 지원한다.
- 관련 교육: 경영학, 재무, 회계, 경영 전략, 마케팅, 통계학, 정보 조사 분석 등.
- 주요 역량
  - 사고력: 논리적 사고력, 신중함(꼼꼼함), 창의력, 현실적 감각, 이상적 감각.

– 실행력: 구두 커뮤니케이션 능력, 문서 커뮤니케이션 능력, 문제 해결 능력, 추진력, 협업 능력, 리더십.

② 재경(재무, 회계)

- 업무 내용: 회사의 경영, 투자 활동에 필요한 자금을 조달하고 운영하며 안정된 재무 구조와 원활한 현금 흐름을 유지하는 업무를 한다. 반기 및 연말 결산을 진행하고 자금 운용 계획 및 회계 정책을 수립하며 세무 관리, 경리, 재무, 회계 업무 등을 수행한다.
- 관련 교육: 재무, 회계, 세무 등.
- 주요 역량
    - 사고력: 논리적 사고력, 신중함(꼼꼼함), 현실적 감각, 도덕성.
    - 실행력: 문서 커뮤니케이션 능력, 문제 해결 능력, 협업 능력, 성실성, 책임감, 끈기.

③ 구매, 자재

- 업무 내용: 제품 생산에 필요한 자재, 기기 또는 업무에 필요한 물품 등을 구매하고 구매한 물품을 적소適所에 공급한다. 물류 및 구매 원가를 관리하며 국내외 협력 업체에서 공급받는 제품의 원가, 품질, 납기에 대해 협력 업체와 함께 관리한다.

- 관련 교육: 경영학, 행정학, 기계 공학, 전기 전자 공학, 화학 공학, 재료 공학 등.
- 주요 역량
  - 사고력: 논리적 사고력, 신중함(꼼꼼함), 현실적 감각, 도덕성.
  - 실행력: 구두 커뮤니케이션 능력, 문서 커뮤니케이션 능력, 문제 해결 능력, 추진력, 협업 능력, 책임감, 끈기.

④ **홍보**

- 업무 내용: 주로 언론을 통해 대내외 고객에게 회사를 알리는 역할을 한다. 회사 이미지, 상품 가치를 제고하고 기업 경쟁력을 확보할 수 있도록 지원한다.
- 관련 교육: 신문방송학, 언론정보학, 경영학, 미디어 전공 등.
- 주요 역량
  - 사고력: 논리적 사고력, 신중함(꼼꼼함), 현실적 감각, 창의력.
  - 실행력: 구두 커뮤니케이션 능력, 문서 커뮤니케이션 능력, 추진력, 협업 능력, 책임감, 끈기, 친화력(대인 관계 능력), 융통성, 리더십.

⑤ **인사, 교육**

- 업무 내용: '인사'는 조직에 맞는 인재를 채용하고 평가하며

보상하는 일을 한다. 또한 직원이 조직 목표 달성에 기여하고 본인의 역량을 성장시킬 수 있도록 하며, 조직 문화를 발전시키고 정착되도록 유도한다. '교육'은 조직 및 조직원의 발전을 위해 효과적인 교육 제공을 담당한다.

- 관련 교육: 경영학, 산업 심리학, 조직 심리학, 인적 자원 관리, 법학, 행정학, 교육학, 심리학 등.
- 주요 역량
  - 사고력: 논리적 사고력, 신중함(꼼꼼함), 타인 배려 및 공감 능력, 현실적 감각, 도덕성.
  - 실행력: 구두 커뮤니케이션 능력, 문서 커뮤니케이션 능력, 추진력, 협업 능력, 성실성, 책임감, 끈기, 친화력(대인 관계 능력), 자기 계발 의지, 융통성, 리더십.

⑥ 총무, 사무

- 업무 내용: 회사 업무에 필요한 비품, 소모품을 제공하고 회사의 각종 자산을 관리한다. 다양한 부서의 업무를 직간접적으로 지원한다.
- 관련 교육: 경영학, 행정학 등.
- 주요 역량
  - 사고력: 논리적 사고력, 신중함(꼼꼼함), 타인 배려 및 공감

능력, 현실적 감각, 도덕성.

  - **실행력**: 구두 커뮤니케이션 능력, 문서 커뮤니케이션 능력,
    추진력, 협업 능력, 성실성, 책임감, 끈기, 친화력(대인 관계
    능력), 자기 계발 의지, 융통성, 리더십.

분류 2. 영업 마케팅 직군

⑦ **영업 및 영업 관리**

- **업무 내용**: 영업 담당자는 소비자 또는 기업 고객에게 제품을
  판매하고, 영업 관리 담당자는 영업 담당자가 매출을 극대
  화하도록 이끈다.

- **관련 교육**: 경영학, 마케팅 등.

- **주요 역량**

  - **사고력**: 논리적 사고력, 신중함(꼼꼼함), 타인 배려 및 공감
    능력, 현실적 감각, 이상적 감각, 창의력.

  - **실행력**: 구두 커뮤니케이션 능력, 문서 커뮤니케이션 능력,
    추진력, 협업 능력, 책임감, 도전 정신, 실패 및 난관 극복 자
    세, 끈기, 친화력(대인 관계 능력), 자기 계발 의지, 융통성, 리
    더십.

⑧ 해외 영업 및 무역

- 업무 내용: 해외 고객에게 회사 제품을 수출하거나 해외 시장에서 발견한 제품을 국내로 수입해 판매한다. 판매 전략 수립, 해외 영업 활동 및 실적 관리, 수출입 관리 업무 등을 한다.
- 관련 교육: 경영학, 마케팅, 회계학, 무역학 등.
- 주요 역량
  - 사고력: 논리적 사고력, 신중함(꼼꼼함), 타인 배려 및 공감 능력, 현실적 감각, 이상적 감각, 창의력.
  - 실행력: 구두 커뮤니케이션 능력, 문서 커뮤니케이션 능력, 추진력, 협업 능력, 글로벌 역량, 책임감, 도전 정신, 실패 및 난관 극복 자세, 끈기, 친화력(대인 관계 능력), 자기 계발 의지, 융통성, 리더십.

⑨ 마케팅, 상품 기획, 광고

- 업무 내용: 시장 조사를 통한 마케팅 전략을 수립하거나 특정 시장과 소비자들에게 필요한 상품을 기획한다. 또한 다양한 기법으로 광고를 제작해 소비자들에게 제품을 소개한다.
- 관련 교육: 경영학, 마케팅, 광고학, 소비자 심리학, 마케팅 조사론 등.

- 주요 역량

  - 사고력 : 논리적 사고력, 신중함(꼼꼼함), 현실적 감각, 이상적 감각, 창의력.

  - 실행력 : 구두 커뮤니케이션 능력, 문서 커뮤니케이션 능력, 추진력, 협업 능력, 도전 정신, 융통성, 리더십.

⑩ 물류, 유통

- 업무 내용 : 회사 제품을 고객이 원하는 시간, 장소에 정확하고 효율적으로 전달한다. 물류 계획 및 배송, 입출고 및 출하 관리, 물류 혁신 활동 등을 수행한다.
- 관련 교육 : 경영학, 유통론, 공급 사슬 관리SCM 등
- 주요 역량

  - 사고력 : 논리적 사고력, 신중함(꼼꼼함), 현실적 감각.

  - 실행력 : 구두 커뮤니케이션 능력, 문서 커뮤니케이션 능력, 문제 해결 능력, 추진력, 협업 능력, 글로벌 역량, 성실성, 책임감, 끈기, 친화력(대인 관계 능력), 리더십.

분류 3. 연구 개발, 생산

⑪ **연구 개발(R&D)**

- 업무 내용 : 고객의 수요, 시장 상황에 부합하는 신제품을 개발하고 기존 제품은 지속적으로 개선한다. 기술 정보 수집, 제품 개발 및 핵심 기술 연구 등을 수행한다.
- 관련 교육 : 전기 전자 공학, 화학 공학, 컴퓨터 공학 등 각종 공학 관련 학과와 생물, 물리학, 수학 등 각종 자연 과학 관련 학과 등.
- 주요 역량
  - 사고력 : 논리적 사고력, 신중함(꼼꼼함), 현실적 감각, 이상적 감각, 창의력.
  - 실행력 : 문서 커뮤니케이션 능력, 문제 해결 능력, 추진력, 협업 능력, 성실성, 책임감, 도전 정신, 끈기, 자기 계발 의지.

⑫ **생산 기술**

- 업무 내용 : 생산 공정, 생산 설비를 설계하거나 관리한다.
- 관련 교육 : 전기 전자 공학, 기계 공학, 화학 공학, 컴퓨터 공학 등.

- 주요 역량

  - 사고력: 논리적 사고력, 신중함(꼼꼼함), 현실적 감각.

  - 실행력: 문서 커뮤니케이션 능력, 문제 해결 능력, 추진력, 협업 능력, 성실성, 책임감, 리더십.

⑬ 생산 관리

- 업무 내용: 생산 관리는 제품의 수요를 예측해 생산 계획을 작성하고 제품이 출고되기 전까지의 모든 과정을 관리한다. 판매 분석을 통해 정확한 수요를 예측하고 고객과 약속된 날에 반드시 공급될 수 있도록 최적의 생산 전략을 수립한다. 또한 생산 원가 절감을 통해 회사의 원가 경쟁력 확보를 책임진다.

- 관련 교육: 산업 공학, 경영학, 통계학 등.

- 주요 역량

  - 사고력: 논리적 사고력, 신중함(꼼꼼함), 현실적 감각.

  - 실행력: 구두 커뮤니케이션 능력, 문서 커뮤니케이션 능력, 문제 해결 능력, 추진력, 협업 능력, 성실성, 책임감, 리더십.

⑭ 검증(품질)

- 업무 내용: 안정된 품질과 규격 표준 유지를 위해 생산의 전

단계에 걸쳐 품질을 관리한다. 품질 정책 수립, 품질 관리 및 보증, 품질 개선 활동 등을 수행한다.

- 관련 교육: 산업 공학, 통계학, 화학 공학, 기계 공학, 전자 공학 등.
- 주요 역량
  - 사고력: 논리적 사고력, 신중함(꼼꼼함), 현실적 감각.
  - 실행력: 문서 커뮤니케이션 능력, 문제 해결 능력, 추진력, 협업 능력, 성실성, 책임감, 끈기, 리더십.

기타

⑮ 서비스

- 업무 내용: 고객과 대면하면서 정보 안내, 판매 등을 한다.
- 관련 교육: 서비스 운영 관리 등.
- 주요 역량
  - 사고력: 신중함(꼼꼼함), 타인 배려 및 공감 능력, 현실적 감각, 이상적 감각, 자기 효능감.
  - 실행력: 구두 커뮤니케이션 능력, 협업 능력, 성실성, 책임감, 실패 및 난관 극복 자세, 끈기, 친화력(대인 관계 능력), 융통성.

⑯ 금융, 증권

- 업무 내용: 은행, 증권사, 자산운용사, 보험사, 카드사 등에서 재무 및 회계 관련 금융 업무를 수행한다.
- 관련 교육: 재무 관리, 회계학, 금융학, 경제학, 경영학 등.
- 주요 역량
  - 사고력: 논리적 사고력, 신중함(꼼꼼함), 현실적 감각, 타인 배려 및 공감 능력.
  - 실행력: 구두 커뮤니케이션 능력, 문서 커뮤니케이션 능력, 문제 해결 능력, 협업 능력, 성실성, 책임감, 끈기, 친화력(대인 관계 능력), 융통성.

⑰ 프로그래머

- 업무 내용: 컴퓨터 프로그램의 알고리즘을 설계하고 각종 프로그램을 테스트한다.
- 관련 교육: 컴퓨터 공학, 전산학 등.
- 주요 역량
  - 사고력: 논리적 사고력, 신중함(꼼꼼함), 현실적 감각, 이상적 감각, 자기 효능감.
  - 실행력: 문서 커뮤니케이션 능력, 문제 해결 능력, 추진력, 협업 능력, 성실성, 책임감, 도전 정신, 실패 및 난관 극복

자세, 끈기, 자기 계발 의지.

⑱ **제품 디자인**

- 업무 내용 : 창의적인 아이디어로 제품의 형태와 색상 등을 설계한다.
- 관련 교육 : 산업 디자인, 그래픽 디자인 등.
- 주요 역량
  - 사고력: 현실적 감각, 이상적 감각, 창의력, 자기 효능감.
  - 실행력: 문서 커뮤니케이션 능력, 협업 능력, 도전 정신, 실패 및 난관 극복 자세, 끈기, 융통성.

⑲ **패션 디자인**

- 업무 내용: 시즌별 콘셉트를 도출하면서 의류 등을 디자인하고 상품 생산을 의뢰한다. 또한 제품 설명회 등을 통해 홍보한다.
- 관련 교육 : 패션 디자인, 패션 일러스트레이션, 색채 및 의류 소재 기획, 패션 마케팅, 패션 머천다이징 등.
- 주요 역량
  - 사고력: 현실적 감각, 이상적 감각, 창의력, 자기 효능감.
  - 실행력: 구두 커뮤니케이션 능력, 문서 커뮤니케이션 능력, 협업 능력, 도전 정신, 실패 및 난관 극복 자세, 끈기, 융통성.

직무가 어느 정도 결정이 되면 직무와 관련된 정보를 최대한 상세하게 알아봐야 한다. 여기서는 직무에 대한 정보를 조사하는 방법을 소개하겠다.

- **주요 대기업 채용 사이트**: 산업 분야를 대표하는 대기업들은 채용과 관련해서 운영하는 사이트가 있다. 그 사이트에서 해당 기업의 직무에 대한 정보를 많이 얻을 수 있다.

앞에서도 말했듯이 신입 사원의 조기 퇴사 이유 1순위가 '조직 및 직무 적응 실패'다. 직무에 적응하지 못해 조기에 퇴사하는 것은 지원자뿐만 아니라 기업에게도 큰 손실이다. 좋은 인재를 선발하기 위해 시간과 비용을 들여 취업 전형을 진행하고 입사하면 연수까지 시키며 공을 들이기 때문이다. 그래서 주요 대기업은 지원자들이 직무를 정확하게 이해한 다음에 지원해주기를 유도하는 차원에서 채용 사이트를 만들어 직무에 대한 상세한 소개를 하고 있다.

중소기업은 대기업에 비해 직무에 대한 소개를 자세히 하지 못하고 있으므로 유사한 산업 분야의 대기업이 운영하는 채용 사이트를 참고한다. 중소 전자 회사에 지원한다면 삼성전자나 LG전자가 운영하는 채용 사이트에서 직무와 관련된 정보를 얻을 수 있다. 기업 규모의 차이 때문에 업무 범위는 다를 수 있지만 근본적인 업무 성격 자체는 유사하다.

채용 사이트를 제대로 운영하는 대기업으로 CJ가 있다. CJ의 홈페이지(www.cj.net)에 들어간 다음, 'Recruit', 'CJ RECRUIT'를 차례로 클릭하면 'CJ Job Inside'라는 메뉴가 나온다. 그 메뉴에서 CJ 각 계열사의 직무를 상세하게 소개하고 있다. CJ는 제조업과 식음료 프랜차이즈, 엔터테인먼트, 물류, 건설 등 다양한 산업을 하고 있는데 이와 관련해 소개된 직무들의 내용이 매우 다양하다. 지원자들이 여러 가지 직무를 이해하는 데 도움이 될 정도다.

이렇게 정리가 잘되어 있는 채용 사이트는 반드시 살펴보면서 직무에 대해 이해하는 시간을 갖는다.

- 워크넷: 고용노동부와 산하기관인 한국고용정보원이 취업 준비생들에게 정확한 직업 정보를 전달하기 위해 운영하고 있는 사이트다(www.work.go.kr). 정부에서 장기적이고 광범위한 프로젝트 형태로 운영하고 있어 직업, 진로와 관련된 내용이 충실하다. 업데이트도 꾸준하게 진행되고 있어서 최신 정보를 바로 확인할 수 있다.

- 방문 인터뷰: 해당 직무에서 근무 중인 선배들을 만나는 일도 매우 중요하다. 우선 선배와 대화를 나누다 보면 인터넷이나 자료를 통한 피상적인 내용보다 실제 현장에서 어떻게 업무를 하는지, 장점과 단점은 어떤 것이 있는지 등에 대한

깊이 있는 지식을 얻을 수 있다. 특히 자기소개서의 지원 동기나 입사 후 포부, 향후 계획 등의 문항에서는 직무에 대한 실질적 정보가 필수이므로 현재 일하고 있는 사람을 직접 만나 좀 더 적극적으로 정보를 습득하면 다른 지원자들과 차별화된 내용의 자기소개서를 작성할 수 있다. 특히 선배가 과거에 자기소개서를 작성할 때 신경 쓴 부분에 대해 듣게 된다면 매우 실질적인 도움이 된다.

물론 쉽지 않은 일이지만 가급적이면 최근에 입사했거나 중간 관리자 이상의 위치에 있는 선배를 만나면 좀 더 필요한 조언을 받을 것이다.

선배를 만나게 될 경우, 짧은 시간에도 깊이 있는 대화가 가능하기 위해서는 준비를 철저히 해야 한다. 제대로 알지 못한 상태로 가면 바쁜 와중에 시간을 내준 선배에게 결례가 되며 당사자 입장에서도 원하는 정보를 얻기 힘들다. 이력서, 자기소개서를 미리 작성해서 가면 간단한 첨삭 지도를 받을 수도 있다.

- **검색 사이트 활용** : 가장 간편하고 많은 취업 준비생이 활용하는 방법이다. 블로그, 동영상, 온라인 카페 등에서 다양한 콘텐츠를 볼 수 있지만 내가 원하는 질 좋은 콘텐츠를 찾으려면 시간이 꽤 걸린다는 단점도 있다. 그러므로

반드시 지원자가 원하는 직무의 키워드를 잘 조합해 검색하는 요령이 필요하다. 예를 들어, '상품 기획자'라고 검색하기보다 '휴대전화 상품 기획자 업무'로 검색하는 것이다.

지금까지 확인한 분석 결과를 토대로 자신에게 가장 적합한 직무를 선정해 상세히 조사한 다음, 해당 업무를 제대로 수행할 수 있는 사람인지에 대해 논리적으로 설명해보자.

■ 직무 조사 및 분석

직무명	주요 사항
구체적으로 하는 일	• 입사 후부터 3년까지: _____ • 3년부터 5년까지: _____ • 5년부터 10년까지: _____ • 10년 이후: _____
연관 업무(유관 부서와의 협업 관계)	
해당 직무의 향후 전망	
지원 시 필수 조건(교육 및 자격 조건)	
업무 수행 시 필요한 주요 (핵심) 역량	
자신이 갖고 있는 역량의 강점이 해당 직무에서 잘 발휘될 수 있는 이유(사고력, 실행력 분석 결과 참조)	

직무 수행 능력

지원하신 직무를 잘 수행할 수 있는 이유를 구체적으로 기술해주시기 바랍니다.

제가 엔지니어 업무를 잘 수행할 수 있는 이유는 크게 세 가지입니다.

첫째, 전기 공학을 전공하면서 회로 이론, 자동 제어, 컴퓨터 제어와 같은 과목들을 흥미롭게 수강하며 전기 공학 관련 기본 지식을 충실히 쌓았습니다. 또한 플랜트 업무에 필요한 화학 관련 분야도 공부를 게을리 하지 않았습니다.

둘째, 전기 분야의 실무 경험을 쌓으면서 실무 지식도 확보하고자 노력했습니다. ○○사에서 수행한 △△시 송배전 현황 파악 프로젝트에 참여하면서 1,000여 개의 전신주 변압기, 애자 종류, 전신주 간 연결 상태 등을 통해 주요 전기 장치의 종류와 원리에 대해 파악할 수 있었습니다.

마지막으로 해외로 진출하는 ○○사에 적합한 글로벌 인력이 되기 위해 9개월 동안 해외 어학연수를 했습니다. 다양한 국가에서 온 친구들과 함께 공부하고 여행하면서 어떠한 사람들과도 쉽게 친해지는 친화력과 효율적으로 협업할 수 있는 능력을 길렀습니다.

이렇게 플랜트 관련 전공 지식, 실무 경험, 글로벌 경험 등 세 가지 강점을 바탕으로 ○○사의 업무에 크게 기여하는 사원이 되겠습니다.

GOOD POINT

지원한 직무에 대한 정확한 이해를 바탕으로 자신의 강점을 자기소개서에 명확히 드러냈다. 면접에서도 면접관들이 자기소개서 내용을 통해 지원자의 강점을 명확히 파악할 수 있어서 그와 관련된 질문을 집중적으로 했다. 사전에 충분히 대비한 지원자는 면접 결과도 매우 좋아서 합격으로까지 이어졌다. 그전까지 대기업의 서류 전형을 통과한 적이 없었는데 이 자기소개서로 통과할 수 있었다.

07

NCS를 철저히
파악하고 준비하라

공기업과 공공기관에 들어가기 원하는 취업 준비
생들이라면 이제부터 알아야 할 것이 하나 더 생겼다. 바로
'NCS'이다. 'NCS'는 'National Competency Standards'의 줄
임말로, '국가 직무 능력 표준'을 의미한다. 산업 현장에서 직무
를 수행하기 위해 필요한 지식, 기술 등의 능력을 국가가 산업
부문별, 수준별로 체계화하고 그 내용에 대해 표준을 제시한 것
이다.

지원 분야와 무관한 스펙보다 현장에 필요한 실무 역량만 갖
춰도 취업이 가능하게 하기 위해 정부가 추진하는 프로그램으

로 생각하면 된다. 정부가 추진하기로 하면서 공기업과 공공기관이 NCS를 도입하기로 결정했다.

2015년 하반기부터 일부 공공기관을 중심으로 도입되기 시작하여 2017년까지 모든 공기업과 공공기관으로 그 도입이 확대된다. 아울러 민간 분야로도 확대될 가능성이 높다.

앞으로 공기업, 공공기관에 취업할 목표를 갖고 있는 지원자라면 자기소개서를 작성할 때 NCS의 내용을 참고해 자신의 실무 역량을 명확하게 드러낼 수 있도록 해야 한다.

NCS 홈페이지(www.ncs.go.kr)에 나와 있는 NCS 관련 자기소개서 항목 사례를 보면, '최근 5년 동안 귀하가 성취한 일 중에서 가장 자랑할 만한 것은 무엇입니까? 그것을 성취하기 위해 귀하는 어떤 일을 했습니까?', '예상치 못했던 문제로 일이 계획대로 진행되지 않았을 때, 책임감을 갖고 끝까지 업무를 수행하여 성공적으로 마무리했던 경험이 있으면 서술해주십시오', '우리 공단에 입사 지원한 동기 및 입사 후 실천하고자 하는 목표를 다른 사람과 차별화된 본인의 역량과 결부시켜 작성해주십시오' 등 일반 기업의 자기소개서 질문 내용과 큰 차이가 없다. 하지만 NCS 내용과 연결되는 자기소개서를 효과적으로 작성하기 위해서는 한 가지 요령을 알아야 한다. 바로 'NCS 홈페이지 파악'이다.

NCS와 연관된 채용은 홈페이지를 통해 직무에 대한 정보를 상세히 제공해주는 특징이 있다. 일반 기업의 채용 때보다 해당 직무 수행에 필요한 자격과 능력을 훨씬 더 구체화해서 보여주므로 공기업이나 공공기관에 취업을 준비하고 있다면 반드시 NCS 홈페이지를 확실하게 정복해야 한다. **NCS 홈페이지의 내용은 모든 지원자에게 공개되므로 다른 지원자보다 얼마나 분석하고 준비하느냐에 따라 그 결과는 확연하게 달라질 것이다.**

채용 공고를 그 어느 때보다 주의 깊게 살펴야 한다. 원칙적으로 NCS 분류 체계, 채용 기업과 기관의 주요 사업 내용, 직무 개요, 직무 요건 등의 요소들을 상세히 소개하도록 하고 있다. 이를 통해 채용 기업과 기관이 지원자들에게 직무별 평가 요소를 명확히 제시하고 사전에 직무 내용을 알려주기 위해서다.

채용 공고에는 채용 분야, 직무 수행 내용, 필요 지식, 필요 기술, 직무 수행 태도, 필요 자격, 직업 기초 능력 등이 설명 자료로 추가되기도 한다. 만일 채용 공고의 설명 자료가 불충분하다고 느끼면 NCS 홈페이지에서 확인해본다. 채용 공고 중 일반 행정 분야 채용을 위한 분류 중 하나인 '경영 기획'에 대해 살펴보면 다음과 같다.

- 직무 수행 내용: 경영 목표 달성을 위한 계획을 수립하고, 효

율적인 자원 배분을 통해 경영진의 의사 결정 지원.

- 필요 지식 : 핵심 성공 요소, 기업 경영 자원, 산업 동향, 예산·재무·관리 회계, 기업 가치 평가 지표, 전략적 제휴, 합작 투자 등 경영 계획 수립에 필요한 개념 및 지식 등.

- 필요 기술 : 경영 환경 분석 기법, 사업별 자원 배분 기법, 핵심 가치·자산·역량에 대한 분석 기법, 예산 관리 적용·산출 기법, 손익분기점BEP 분석 기술, 사회 조사 방법론, 기획서·보고서 작성 기술 등.

- 직무 수행 태도 : 창의적 사고, 목표 중심적 사고, 도전적이고 적극적인 태도, 종합적 사고, 원활한 의사소통 태도, 논리적·분석적·객관적 사고, 공정성 확보 노력, 고객 지향 태도, 업무 규정 및 일정 계획 준수, 요청 내용에 대한 경청 자세, 정확한 업무 처리 태도 등.

물론 '경영 기획'이라는 업무를 실제로 경험하지 않은 상황에서 이러한 설명만으로 직무의 성격을 충분히 이해하기 어렵지만 NCS 홈페이지 자료를 보면 필요한 업무의 전반적인 내용은 충분히 알 수 있다. 그러므로 NCS 내용과 연관된 자기소개서를 효과적으로 작성하기 위해서는 직무에 대한 상세한 내용을 NCS 홈페이지에서 파악해야 한다.

직무별로 요구되는 '직업 기초 능력'에 대해서도 제대로 파악하고 자기소개서에 적절히 반영할 수 있어야 한다. 자기소개서에 쓸 지원자의 경험 중에서 각 분야의 하위 영역에 나오는 필요 능력을 발휘했던 경우를 구체적으로 보여줄 필요가 있다.

또한 '직무 능력 소개서'를 작성하도록 되어 있다. 입사 지원서에 별도로 기재한 직무 관련 활동을 좀 더 자세하게 서술하기 위한 양식이다. 여기서는 당시 맡았던 역할, 주요 업무, 활동 내용, 성과 등에 대해 최대한 구체적으로 작성한다. 직무와 관련된 실무 역량을 보여주는 것은 물론 맞닥뜨린 문제에 대해 어떠한 방법으로 접근해 어떠한 가시적인 성과를 냈는지를 보여주는 것이 중요하다.

앞에서 강조했듯이 향후 공기업과 공공기업에 NCS가 도입되는 만큼, 이 분야에 지원을 준비하고 있다면 철저히 파악하도록 한다.

3장

합격의 자소서
작성 비법 7

지금까지 준비해온 자신만의 차별화된 콘텐츠를 활용해 본격적으로 자기소개서를 작성하는 비법을 7가지로 구분해 알려주고자 한다. 이 7가지를 통해 기업이 원하는 제대로 된 자기소개서를 작성할 수 있을 것이다.

01

강렬한 첫인상
주는 법

직업 특성상 대학교를 자주 방문한다. 그래서 자연스럽게 재학 중인 후배들을 많이 만나고 그들의 고민을 듣는 자리를 자주 갖게 된다. 그러한 자리를 통해 알게 된 것이 있다. 취업과 진로 못지않게 중요하게 고민하는 것이 바로 '연애'라는 사실이다.

마음에 드는 사람 만나기가 너무 어렵다던 한 후배는 졸업할 때가 되어서야 연애를 시작했다. 어떻게 만났는지 물어보니 의외로 싱거운 답변이 돌아왔다.

"첫인상이 너무 좋았어요!"

이처럼 첫인상이 좋아서 인연으로 이어진 경우를 많이 봤을 것이다. 반대로 첫인상이 좋지 않으면 좋게 바꾸기 위해 상당히 많은 시간과 노력이 필요하다. 그러므로 짧은 시간에 상대방을 판단해야 하는 상황에서는 첫인상이 매우 중요하다.

이러한 현상을 심리학적으로 초두효과初頭效果, Primacy Effect라고 한다. 처음 제공된 정보가 이후에 제공되는 정보보다 판단에 훨씬 큰 영향을 준다는 의미다.

일반적으로 사람들은 처음 들어오는 정보를 선입견 없이 있는 그대로 받아들인다. 그 이후 들어오는 정보는 처음에 들어온 정보의 영향을 받을 가능성이 높다.

자기소개서를 통해 짧은 시간 동안 사람을 판단해야 하는 상황에서도 마찬가지다. 자기소개서를 자세히 본다는 서류 전형의 담당자들도 제한된 시간 내에 검토해야 하므로 효율성을 생각하면서 진행한다. 담당자들과 이야기를 해보면, 자기소개서의 첫인상은 30초에서 1분 내에 결정된다고 한다. '시간과 노력을 들여 집중해서 읽을 가치가 있다'라고 판단될 때 나머지 내용을 자세히 읽기 시작한다는 말이다. 결국 자기소개서도 앞부분에서 좋은 인상을 줘야 한다.

그렇다면 자기소개서에 필요한 첫인상은 무엇일까? 자신이 지원하는 분야에 적합한 인재라는 강렬한 메시지다. 즉, 채용 담당자가 자기소개서를 처음 본 1분 동안 자신의 강점과 경험을 제대로 정리한 글로 지원 분야에 걸맞은 실무 역량과 조직 융화력 등을 갖춘 인재라는 것을 보여줘야 한다. 또한 뚜렷한 지원 동기를 가진 인재로 보이는 것이 중요하다.

실제로 다년간 수백 명의 지원자가 쓴 자기소개서의 합격률을 본 결과, 지원 분야와 관련이 깊다는 인상을 앞부분에서 강렬하게 주는 자기소개서가 서류 전형을 통과할 확률이 매우 높았다.

이제 자기소개서의 강렬한 첫인상을 채용 담당자에게 보여주는 3가지 방법을 알려주고자 한다. 자기소개서 질문들에 대한 답변의 방향을 설정하고 경험을 질문별로 배치할 때 공통적으로 적용되는 중요한 방법이므로 반드시 자신의 자기소개서에 적용해보자.

첫 번째, 미리 산업, 기업, 직무와 관련한 자기 분석을 충분히 하여 콘텐츠를 최대한 많이 확보한다. 앞에서 강조한 것처럼 자기소개서는 결국 콘텐츠에서 승부가 난다. 콘텐츠가 많으면 자기소개서를 쓸 때 필요한 기초를 제대로 갖출 수 있다.

두 번째, 기본적인 질문과 경험 관련 질문 등에서 지원 분야와 연결되는 내용이 절반 이상을 차지하도록 배치한다. 채용 담당자가 30초 안에 전체를 훑어볼 때 '이 분야와 관련된 활동을 많이 했구나'라는 생각이 들게 하려면 그만큼 많은 분량의 내용 (관련 용어, 경험, 소재 등)이 전체적으로 배치되어 있다는 인상을 줘야 한다.

　세 번째, 좀 더 매력적인 사례들을 앞부분에 배치해 주목도를 높인다. 초두효과를 활용하자는 말이다. 각자 갖고 있는 경험, 강점 소재는 한정되어 있기 때문에 이를 전략적으로 활용하는 것이 중요하다. 지원 분야와 관련성이 높으면서 성과가 명확하거나 남다른 사례는 채용 담당자에게 초반부터 좋은 인상을 줄 수 있다.

02

IDEA,
스토리텔링 글쓰기

미국의 유명 시나리오 작가 데이비드 하워드가 쓴 《시나리오 가이드》는 최고의 작법서로 인정받고 있다. 이 책에서 이야기의 원칙에 대해 다음과 같이 정의했다.

'누가 무엇인가를 이루려고 하는데 그것을 이루기가 매우 어렵다.'

매우 간결하게 이야기의 방향에 대한 정의를 내렸다. 드라마나 영화가 갖춰야 할 이야기의 필수 요건을 말하고 있지만 자기소개서에 쓸 이야기의 필수 요건이라고도 할 수 있다.

자기소개서도 결국 '하나의 글'이다. 자기소개서를 검토하는 채용 담당자는 하루에도 수십 명에서 많게는 수백 명의 자기소개서를 읽어야 한다. 자기소개서 하나당 글자 수는 수천 개가 될 것이다. 그렇기 때문에 자기소개서는 콘텐츠가 중요하지만 내용 전개도 지루해서는 안 된다. 보는 사람의 시선을 강탈할 수 있는 흥미로운 이야기로 채울 필요가 있는 것이다.

지원자는 이처럼 흥미로운 이야기 안에 지원 분야에 대한 관심, 자신의 경험과 성취 사례, 실무 역량 등을 담아야 한다. 그러므로 자기소개서 작성을 할 때 스토리텔링 기법을 적극적으로 활용해보자.

'STAR'라는 경험 기술 기법에 대해 들어본 적이 있을 것이다. 스토리텔링 전개의 기본적인 원칙을 담고 있다.

Situation: 처했던 상황.

Task: 목표.

Action: 목표를 이루기 위한 행동.

Result: 결과.

사용이 간편하고 이해가 쉬워서 글쓰기에 많이 활용되지만 자기소개서 내용을 전개하기에는 한계가 있다. 특히 500~1,000자 내로 짧게 써야 하는 경우에는 지원 분야와 자신의 경험을 연관시켜 강렬하게 표현해야 하는데 STAR만으로는 부족하다. '흥미로운 이야기'가 충분히 들어가기 어렵기 때문이다. 이러한 부분을 보완하고자 필자가 개발하여 그동안 자기소개서의 스토리텔링에 대해 지도할 때 활용하는 'IDEA' 방식을 이 책에서 처음으로 제시하고자 한다. IDEA는 'Intention', 'Difficulty', 'Effort', 'Achievement'의 첫 글자를 따서 만들었다.

- Intention(의도): 지원하는 산업, 기업, 직무와 경험을 연관시키며 그 경험을 한 의도를 명확히 밝힌다. 첫 번째 단락에서부터 지원 분야에 대한 연관성을 보여주면 채용 담당자의 주목도를 높이는 효과가 있으며 지원 분야와 관련성이 적어 보이는 경험 사례에도 의미를 부여할 수 있다.

  ㉠ 대학을 다니면서 영업과 관련된 활동을 다양하게 해보고자 노력했습니다. 그 활동 중 하나로 학과 대표를 맡았습니다. 영업 담당자에게 필수적인 리더십과 커뮤니케이션 능력을 향상시키기 위해서입니다. 또한 영업에 대한 실질적 경험을 해보고자 그동안 학교 지원금만으로 유지되던 학생회에 아이디어 상품을 기획해 판매하는 수익 사업을 제안했습니다.

- Difficulty(난관): 목표를 이루는 과정에서 겪게 되는 어려움을

이야기한다. 노력의 정도와 성과의 가치는 그 과정이 얼마나 어려웠는지를 잘 설명해주면 더욱 빛이 나기 마련이다. 인기 있는 드라마일수록 강력한 악역이 등장해 주인공을 괴롭히거나 주인공의 환경이 매우 열악해 더욱 안타까워지는 상황이 반드시 등장한다. 지원자들도 어려움에 부딪힌 부분에 대해 명확히 언급하면 이후 나올 노력과 성과까지 제대로 설명이 가능해진다.

⑩ 처음 수행하는 수익 사업이다 보니 준비 과정에서 예상하지 못한 어려움이 많았습니다. 아이디어는 쉽게 나오지 않고 있는데 준비 기간이 중간고사와 겹치는 바람에 저를 비롯한 학과 임원들 중 누구도 선뜻 나서는 사람이 없었습니다. 기존에 하던 방식대로 하자는 의견이 대부분이어서 추진하기가 매우 힘들었습니다.

• Effort(노력): 이 부분이 자기소개서의 핵심이라고 할 수 있다. 특히 자신이 특정 역량을 보유하고 있다는 것을 강조하고 싶다면, 이 부분에서 그 역량을 발휘해 어려움을 극복했던 이야기를 보여준다. 다음 예문에서는 '추진력'을 강조했다.

⑩ 저는 임원들의 협조를 이끌어 내는 것이 제일 먼저 할 일이라 생각했습니다. 우선 우리 학생회가 역사상 최초로 수익

사업을 진행하는 것이 얼마나 큰 의미가 있고 여기서 나오는 수익으로 학우들에게 복사용지 제공 등 실질적인 도움을 줄 수 있다는 것을 강조했습니다.

저 스스로 솔선수범하여 인쇄 티셔츠 판매 아이디어를 내고 사비를 들여 직접 제작해서 판매를 시작하자 뒷짐만 지고 있던 임원들도 하나둘씩 참여했습니다. 결국 전원이 판매에 나섰습니다.

- Achievement(성과): 성과는 판매량, 판매액, 이익, 참여 인원, 참석률 등 명확한 수치로 표현할 수 있는 것이 가장 좋다. 또한 작년, 지난달 또는 다른 단체 등과 같이 비교의 대상이 있으면 성과에 대한 현실감을 준다. 평소 활동하면서 이러한 수치들을 꼼꼼히 기록해두면 나중에 자기소개서 작성이나 면접에 요긴하게 활용할 수 있다. 도저히 기억이 나지 않거나 수치로 표현하기 어려운 성과라면 대략적인 범위라도 밝힌다. 그것도 힘들면 그 경험을 통해 어떤 것을 배울 수 있었는지, 해당 업무를 진행할 때 어떤 도움이 될 것인지로 표현해도 좋다.

  예 결과는 성공적이었습니다. 티셔츠를 판매해 100만 원 정도의 이익을 내게 되었습니다. 이익은 전부 학생들의 복지에 필요한 경비로 사용했습니다. 학생들은 저희 임원에게 박

수를 보냈고 티셔츠 판매 사업은 저희 학생회의 전통으로 자리 잡았습니다.

이 경험을 통해 어떤 어려움에도 제가 맡은 조직은 반드시 이끌어 나갈 수 있다는 자신감과 함께, 상품을 기획하고 판매를 진행하는 과정에서 사업적 감각을 기를 수 있었습니다. 이는 앞으로 ○○사에서 영업 업무를 수행하는 데 큰 도움이 되리라 생각합니다.

이처럼 자기소개서에 IDEA를 적용하면 좀 더 흥미로운 스토리텔링을 만들 수 있다.

우문현답,
뻔하지 않게 답하기

우문현답愚問賢答, '어리석은 질문'에 '현명한 대답'을 의미한다. 자기소개서를 작성하다 보면 말 그대로 우문愚問이라고 느껴질 정도의 뻔한 질문을 마주치게 된다. 바로 성장 과정, 장점과 단점, 지원 동기, 입사 후 포부 등 가장 기본이 되는 질문의 유형이다. 대기업이든 중소기업이든 거의 대부분 공통적으로 나오는 질문들이다.

장점과 단점을 쓰라고 하면 지원자 대부분은 '장점이나 단점은 여러 가지가 있는데 어떤 것을 써야 하나? 게다가 자기소개서에 단점까지 쓰라고 하니 어떡하지?'라고 생각한다.

이런 우문일수록 현답賢答으로 대처하는 지원자가 두각을 나타내기 마련이다. '뻔한 질문'이라도 '뻔하게 답하지는 말자'는 것이다. 평범하고 일반적인 질문일수록 좀 더 고민하고 차별화하는 방법을 모색해야 한다.

대표적인 질문 사례와 질문 의도, 그리고 작성 전략을 파악하면서 합격 사례를 분석해보자.

① 성장 과정

- 질문 의도: 기업은 지원자의 삶에서 어떤 특별한 점이 있었는지, 그리고 그 과정에서 형성된 지원자의 특징이 지원한 직무를 수행할 때 어떤 영향을 미치게 될 것인지 등을 파악하려고 한다.

- 작성 전략: 주로 대학교에 들어가기 전의 사례들을 중심으로 지원하는 산업, 기업, 직무에 관심을 갖게 된 계기를 설명하거나 해당 업무를 잘 수행할 수 있는 역량 또는 특성이 있다는 것을 자연스럽게 설명한다. 가족 구성원의 특징, 가정의 분위기나 가족 및 친지들에게 영향받은 일 등을 사례로 활용할 수도 있다. 단순히 시간 순서보다 성장 과정에서 있었던 특별한 사건과 경험 등을 중심으로 작성한다.

성장 과정의 경험들은 장기적이고 일관성 있게 지원자의 성격과 가치관을 형성시켜 왔을 가능성이 높다. 예를 들어, 부모님의 교육관이나 가훈 등을 통해 자연스럽게 배운 삶의 교훈이 지원자에게 영향을 줘서 지원하는 기업과 연관되는 가치관을 만들었다고 말할 수 있다. 또한 지원하는 분야에 종사하는 사람이 가족 구성원 중에 있다면 해당 분야에 오랫동안 관심이 있었다는 것을 자연스럽게 표현할 수 있다. 대신 채용 담당자가 공감할 수 있도록 구체적이고 설득력 있는 이야기를 진솔하게 작성하는 것이 좋다.

- 유의사항
  - 시간 순서로 단순하게 나열하면서 쓰지 않아야 하며 진부한 표현은 눈에 거슬릴 수 있다.

    (NG) 저는 인자하시면서도 엄격하신 아버지와 자상하신 어머니 사이에서 1남 2녀의 장남으로 서울에서 태어났습니다.

  - 사람에 따라 부정적인 시각을 가질 수 있는 사례는 피한다. 지나치게 우울하거나 힘들었던 어린 시절, 업무 수행할 때 부정적인 영향을 줄 수 있는 내용은 굳이 넣을 필요가 없다.

    (NG) 어린 시절, 저는 친구들과 어울리는 데 어려움을 느꼈고 왕따를 당하며 우울한 어린 시절을 보냈습니다. 그래서 지금까지 대인 관계에 어려움을 겪고 있습니다.

성장 과정

본인의 성장 과정을 기술하여 주시기 바랍니다.

직장을 다니면서 점토 공예 강사를 병행했을 정도로 공예와 디자인에 남다른 열정이 있으셨던 어머니의 영향을 받아 초등학교 때부터 미술과 디자인 분야에 관심이 많았습니다. 그 덕분에 초등학교를 다니면서 공예품으로 상을 받았으며 중학교에 올라가서는 퀼트 작품으로 대회에서 은상을 받았습니다.

이러한 감각을 기반으로 패션에 관심을 갖게 되어 패션 제품을 쇼핑할 때 디자인은 물론 소재도 꼼꼼히 확인하는 남다른 소비자가 되었습니다. 패션 분야에 대한 관심은 전공으로도 이어져서 패션 디자인학과를 졸업했으며 대외 활동도 활발하게 하면서 추진력과 리더십까지 기르게 되었습니다.

저의 성장 과정에서 형성된 디자인 안목과 리더십, 팀원과의 커뮤니케이션 역량이 상품 기획, 소재 선정, 가격 설정 등 MD의 다양한 업무에 도움이 될 것으로 생각합니다.

② 장점과 단점

- 질문 의도: 해당 업무를 제대로 처리하거나 조직 생활에 잘 적응할 수 있는 성격인지, 반대로 업무에 문제가 될 수 있는 단점이 있는지 파악한다. 또한 지원자가 단점을 인식하고 있으며 이를 개선하고자 노력하는 사람인지까지 파악한다.

- 작성 전략: "제가 스스로에 대해 장점을 자랑스럽게 말하면 건방지다고 생각하지 않을까요?"라고 질문하는 취업 준비생이 많다. 분명 잘못된 생각이다. 치열한 서류 전형을 통과하기 위해서는 자기소개서에 자신의 강점을 명확히 말해야 한다. 중요한 것은 '자랑을 하되 어떻게 표현하는가'이다.

  장점은 구체적이고 객관적인 근거를 들어 표현하고, 지원 분야와 연관되게 설명해야 한다. 단점에 대해서는 고치기 위해 꾸준히 노력한다는 것을 밝히면 효과적이다. 단점을 너무 장황하게 쓰면 면접에서 곤경에 처할 수도 있으니 간결하게 쓴다. 일할 때 결격 사유로 보일 수 있는 단점은 당연히 배제한다. 장점과 단점은 명확히 구분해서 작성해야 자기소개서를 보는 채용 담당자가 헷갈리지 않는다.

- 유의사항

  - 장점이 많은 것처럼 보이려고 여러 가지를 나열하지 않는다. 차라리 한 가지 장점에 대해 명확하고 구체적인 근거를 들어 설득력 있게 작성하는 것이 효과적이다. 근거 없는 장점은 적지 않는다.

    NG 저의 장점은 쾌활하면서도 경우에 따라 차분하다는 점입니다. 의지가 강하고 상식이 풍부하며 친절하고 예의 바른 것도 저의 장점입니다.

  - 단점을 너무 강조해 자기소개서를 검토하는 채용 담당자가 직무 수행 능력을 의심하게 만들면 안 된다. 자기소개서는 합격을 위한 서류다. 단점을 진솔하게 보여주는 것은 중요하지만 너무 치명적인 단점은 쓰지 않는다.

    NG 저의 단점은 약속 시간을 잘 지키지 않는 것입니다.

장점과 단점

자신의 장점과 단점을 기술하여 주시기 바랍니다.

저의 장점은 긍정적인 마인드입니다. 주변 사람들이 '긍정녀'라는 별명을 붙여줄 정도로 밝은 성격을 갖고 있습니다. 이러한 성격에는 가족들의 쾌활한 성격이 큰 영향을 줬다고 생각합니다. 이렇게 쾌활하고 긍정적인 태도로 인사 업무에 임해서 조직원들에게 긍정적인 영향을 끼치는 인사 담당자가 되겠습니다. 반면, 단점은 '지나친 배려심'입니다. 부모님의 교육관 때문에 어린 시절부터 항상 주변 사람들을 배려하는 습관을 갖게 되었지만, 상대방에게 상처를 줄 것 같아 화낼 상황에도 감정 표현을 거의 하지 않아서 가끔 스트레스를 받기도 합니다. 등산 등의 취미 활동을 꾸준히 하면서 스트레스를 해소하고자 노력하고 있습니다.

GOOD POINT

지원하는 인사 업무에 필요한 긍정적인 마인드, 대인 관계 능력 등을 장점으로 잘 표현했다. 단점의 경우에도 인사 업무에 큰 지장을 주지 않는 사례를 활용했다. 또한 자신이 그 단점을 인식하고 있으며 개선하려는 노력을 꾸준히 한다고 피력한 점이 훌륭하다.

---

③ 지원 동기

- 질문 의도 : 모든 회사의 자기소개서에 반드시 들어가는 내용으로 중요한 부분이다. 기업은 지원 동기를 통해 '우리 회사에 정말 오고 싶은 사람인지', '이 직무를 정말 하고 싶어 하는 사람인지', '입사하면 오랫동안 열심히 회사를 다닐 사람인지' 등을 파악하려고 한다.

- 작성 전략 : 지원 동기를 잘 쓰기 위해서는 산업, 기업, 직무에 대해 명확하게 이해하고 있어야 하는데 그러기 위해서는 조사를 많이 해야 한다. 또한 지원하는 기업과 직무에 따라 매번 다르게 작성해야 한다. 이러한 이유 때문에 지원자들은 지원 동기가 가장 작성하기 힘들다고 한다. 채용 담당자는 진정성이 느껴지는 지원 동기일수록 높은 점수를 주므로 지원 동기를 제대로 작성하는 것이 아주 중요하다.

  지원 동기에 대한 답변은 '과거-현재-미래'가 논리적으로 연결되는 것이 핵심이며, 지원하는 분야에 대해 정확히 이해하고 일관된 관점에서 작성하는 것이 중요하다.

  미래의 장기적인 꿈을 명확히 밝히고, 이를 이루기 위해 해당 직무를 제대로 수행하면서 꾸준히 회사와 함께 성장하겠다는 내용을 설득력 있게 제시해야 한다. 또한 과거의

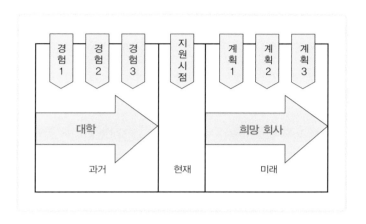

경험이 현재 이 회사를 지원하는 데 어떻게 영향을 미쳤으며 그때 얻은 역량들이 장차 업무를 수행하면서 어떻게 도움을 주게 되는지에 대해 제대로 설명하면 효과적이다.

작성할 때는 '산업 지원 동기→기업 지원 동기→직무 지원 동기'의 흐름이 가장 자연스럽고 논리적으로 깔끔하게 정리될 수 있다.

- 산업 지원 동기: ~해서 이 산업에 관심을 갖게 되었습니다.

- 기업 지원 동기: 해당 산업에서 ○○사가 ~한 특징을 갖고 있어 지원하게 되었습니다.

- 직무 지원 동기: 그동안 ~한 경험들을 쌓으면서 지원하는 직무에 큰 관심을 갖게 되었고 강점을 발휘할 수 있는 역량을 확보했기 때문에 이 직무에 지원했습니다.

특정 산업 분야와 기업을 지원할 때 일반적으로 두 가지 종류의 지원 동기가 있다고 볼 수 있다. 첫째, 해당 산업, 기업, 직무의 전망이 매우 좋다(철저한 조사를 통해 파악할 수 있는 부분). 둘째, 개인적으로 해당 산업 분야, 기업, 직무에 대해 애착이 있다(철저한 자기 분석을 통해 파악할 수 있는 부분).

지원 동기에 단순히 산업, 기업, 직무에 대한 조사 결과만을 쏟아 넣는 것은 바람직하지 않다. 개인적인 경험을 통해 회사에 대한 남다른 애착이 있다는 것을 보여줘야 한다.

- 유의사항
  - 그 어떤 기업에 다 적용될 만한 일반적인 내용의 지원 동기는 쓰지 않는다. 산업별로, 기업별로 맞춤형으로 작성하지 않고 복사해서 붙인 느낌의 지원 동기는 서류 전형에서 바로 탈락한다.

    NG 그동안 귀사를 지켜본 결과, 업계에서 훌륭한 기업으로 인정받고 있으며 앞으로도 발전 가능성이 높다고 판단하여 지원하게 되었습니다.

  - 개인적인 경험에 근거한 감상적인 지원 동기는 설득력이 떨어진다. 회사에 지원하는 것은 평생의 커리어를 결정하는 일이다. 산업, 기업, 직무에 대한 구체적인 이해를 보여주지 않고 개인적인 경험만을 강조하면 유치하게 보일 수 있다.

NG 어린 시절 ○○를 처음 먹은 순간부터, △△제과에서 일하고 싶다는 생각을 줄곧 갖고 있었습니다.

지원 동기

우리 회사를 지원한 이유를 설명해주시기 바랍니다.

유학을 하면서 통신 산업의 마케팅에 큰 흥미를 갖게 되었습니다. 그래서 전공을 ○○으로 정했습니다. 특히 △△와 같은 과목을 통해 미국의 통신 시장에 대해 폭넓게 이해할 수 있었으며 미국의 대표적인 통신 회사인 버라이즌, AT&T 등의 마케팅 전략에 대해서도 공부하게 되었습니다. 이러한 과정을 통해 □□사와 같은 한국의 대표적인 통신 회사에서 마케팅 전문가로 성장하는 꿈을 갖게 되었습니다.

그동안 □□사와 같은 국내 유수의 통신 회사들이 서로 치열하게 경쟁하며 기술과 서비스를 발전시켰기 때문에 우리나라 통신 시장의 눈부신 발전이 가능했다고 봅니다. 유학을 마치면 □□사에 입사해 한국을 너머 해외로 뻗어나가는 데 기여하고 싶습니다.

지금 □□사는 퍼스트 무버First Mover의 길을 가고자 하는 비전을 실현하고 있습니다. 저는 이러한 □□사의 마케팅 담당자로서, 통신 서비스를 이용하는 고객들을 철저히 분석하고 그들의 수요에 맞는 서비스를 끊임없이 찾는 노력을 통해 마케팅 전문가로 성장하고자 합니다.

GOOD POINT

대학에서 통신 분야와 관련된 전공을 통해 통신 산업에 대한 관심이 커졌던 이야기와 지원 분야인 마케팅 직무와 관련된 학업 이야기를 자연스럽게 언급하면서 부각시켰다. 또한 한국의 대표적인 통신 회사에 일하고 싶은 이유와 앞으로 지원자가 업무적으로 이루고 싶은 꿈에 대해 적극적으로 설명하여 설득력 있는 지원 동기를 완성했다.

---

④ 입사 후 포부 및 향후 계획

- 질문 의도: 지원자가 해당 업계와 기업의 현안을 얼마나 정확하게 이해하고 있으며 특히 앞으로 담당할 직무에서 어떤 업무를 통해 회사의 발전에 기여하고 싶어 하는지 묻기 위함이다. 지원 업무에 대한 지원자의 관심과 열의가 어느 정도인지를 파악하려는 목적도 크다.

- 작성 전략 : '입사 후 포부'는 앞으로 이 기업에서 어떤 업무를 어떤 마음가짐으로 수행할 것인지에 대한 계획을 말해

야 한다. 그렇게 하기 위해서는 기업의 발전 방향을 명확하게 이해하고 있어야 하며 직무에 어떻게 기여할 것인지 설명할 수 있어야 한다. 지원 동기와 마찬가지로 해당 산업과 기업 그리고 직무에 대한 이해가 깊을수록, 회사의 미래에 대한 고민을 많이 보여줄수록 효과적이다. 마음가짐에 있어서도 강한 열의를 보여주는 것이 좋다. 앞으로 적극적인 자세로 업무에 임하며 회사 목표와 개인 목표를 함께 이뤄 나가겠다는 자신감을 표현한다.

'향후 계획'의 경우에는 일반적으로 업무적, 조직적 시각에서 단기, 중기, 장기 계획으로 구분해 서술하는 것이 좋다. 시기별 또는 직급별로 해당 업무의 성격을 정확히 이해하고 있어야 하며 조직 차원에서 시기별로 자신에게 기대되는 부분을 잘 알고 있어야 한다.

업무 부분을 정확히 이해하기 위해서는 앞에서 언급한 직무 분석 방법을 통해 상세한 조사를 진행하고 내용을 파악한다. 특히 업계에 근무 중인 사람을 통해 직급별 업무 범위 등 실질적인 내용을 파악하면 더욱 좋다.

직무에 따라 조금씩 다를 수 있으나 단기적으로는 업무를 배우고, 중기적으로는 업무 지식을 적용해 성과를 내고, 장기적으로는 새로운 전략을 기획한다는 것이 하나의 사례가 될 수 있다. 조직적인 측면에서 보면 단기적으로는 선배와 조직을 따르고, 중기적으로는 조직의 단합을 도모하는 역할을 하고, 장기적으로는 후배를 양성하면서 리더십을 발휘한다는 전개가 있을 수 있다.

개인의 능력을 기르기 위한 자기 계발보다는 되도록 직무에 필요한 업무 역량을 증대시키는 방향의 자기 계발 계획을 단계별로 제시하면 효과적이다.

- 유의사항

  - '무슨 일이든 열심히 하겠다'는 말은 무책임하다. 해당 분야와 직무에 대한 철저한 이해를 통해 입사해서 하고 싶은 업무를 구체적으로 제시한다.

    NG 어떤 업무를 맡을지는 알 수 없지만 입사만 할 수 있다면 무슨 일이라도 무조건 열심히 하겠습니다.

  - 업무와 관련성이 떨어지는 개인적 자기 계발 계획만을 늘어놓지 않는다. 앞으로 하려는 계획은 무조건 업무가 중심이어야 한다. 업무 능력보다 개인의 능력만을 계발한다는 것은 좋은 인상을 주기 어렵다.

    NG 입사 후 꾸준히 운동하면서 체력을 다지겠습니다. 그리고 외국어 능력을 향상시키겠습니다.

입사 후 포부

입사 후 포부 및 향후 계획을 기술해주시기 바랍니다.

저는 빠른 시일 내에 웨어러블, 사물 인터넷에 정통한 엔지니어로 성장하고 싶습니다. 스마트폰 시장의 포화 이후, 웨어러블과 사물 인터넷 분야가 주요 트렌드로 부각되고 있습니다. 특히 웨어러블은 스마트폰과 연동이 가능한 제품 형태로 성장하고 있습니다. 그래서 웨어러블의 화제성과 함께 웨어러블 시장을 선점할 웨어러블 운영체제에 관심이 몰리고 있습니다. 웨어러블 운영체제 중에서도 안드로이드 웨어는 구글이 보유한 거대 인프라와 서비스 역량의 지원으로 핵심 운영체제가 될 것으로 생각합니다.

10년 후가 되면 저는 웨어러블에 정통한 엔지니어가 되어 ○○사가 글로벌 시장에서 1등이 되는 일에 기여하겠습니다. 그렇게 되기 위해 저는 3년, 5년, 그리고 10년 후의 모습을 지금부터 계획하고 있습니다.

첫 3년 동안 ○○사의 기업 문화와 업무를 배우겠습니다. 해외 경험을 통해 체득한 다양한 문화의 이해 능력과 △△사와 같은 기업에서 근무하며 배운 친화력을 바탕으로 다른 부서와도 효율적으로 협업하며 빠르게 적응하겠습니다.

5년차 정도까지는 배운 경험과 전문 지식을 바탕으로 실적을 내겠습니다. 포스트 스마트폰에 대비해 웨어러블 대중화를 이끌기 위해서는 기술성, 디자인, 효율성, 합리적인 가격이 고려되어야 합니다. 이 중에서도 짧은 배터리 수명을 해결하고 생활에 적용될 수 있는 다양한 기능을 탑재해 활용성을 높여야 웨어러블 기기의 대중화가 가능하다고 봅니다. ○○사에는 소프트웨어 엔지니어로서의 역량뿐 아니라 제가 가진 하드웨어 전문 지식과 경험을 살려 하드웨어 엔지니어 분들과 협업하여 배터리 수명 연장에 대한 해결 방안을 모색하겠습니다.

입사 10년 후에는 스마트폰, 웨어러블 기술을 바탕으로 중국 및 인도 시장에서 프리미엄 제품으로는 브랜드 이미지를, 보급형 제품으로는 매출을 올리고 있을 ○○사에서 새로운 제품과 기술 기획에 참여해 회사와 함께 나아갈 방향을 고민하고 싶습니다.

GOOD POINT

지원 분야와 향후 발전 방향을 정확히 이해하고 있으며 관련 경험을 통해 쌓은 업무 역량을 기반으로 앞으로 자신이 할 일을 시기별, 단계별로 명확히 구분해 제시하고 있다. 특히 해당 분야에 대한 관심과 역량을 구체적으로 잘 표현해 좋은 인상을 줬다.

04

직무에 적합한
경험을 강조하라

강원도에서 농사꾼의 아들로 태어나 맨손으로 창업한 현대그룹을 세계적으로 키워낸 고故 정주영 전 회장은 우리나라 경제사에 입지전적인 인물이다. 그런 그가 가장 중요한 경영의 핵심이라고 생각한 것이 바로 '사람의 구성'이었다고 한다.

생전에 한 신문사와의 인터뷰에서 "기업은 자본과 배경보다 사람이 경영하는 것이므로 유능한 경영자라면 유능한 사람을 모아야 한다. 사람의 구성만 제대로 하면 국내에서 사업을 벌이든 밖으로 나가든 기업은 성공한다"라고 했다.

이렇게 사람의 중요성을 강조하면서 채용에서도 학벌 등의 스펙보다 다음과 같이 경험에서 우러나오는 사람의 됨됨이를 강조했다고 한다.

"작은 일에 성실한 사람을 보면 우리는 큰일에도 성실하다고 믿는다. 작은 약속을 어김없이 지키는 사람은 큰 약속도 틀림없이 지키리라 믿는다. 그러므로 작은 일에 최선을 다하는 사람은 큰일에도 최선을 다한다고 믿는다."

기업은 채용을 진행하면서 지원자가 과연 입사해서 해당 업무를 잘 할 수 있는지, 조직에 잘 적응할 수 있는지 등을 궁금하게 생각한다. 입사한 후에 지원한 업무를 성공적으로 수행할 수 있다는 것을 증명하기 위한 가장 좋은 방법은, 크든 작든 지원하는 업무와 관련된 과거 경험들을 통해 증명하는 것이다. 이러한 경험 사례들은 자신의 능력을 보여주는 중요한 근거가 되기 때문이다. 그러므로 자기소개서에서 경험 관련 질문에 대해 답변할 때는 지원한 기업과 직무에 적합한 인재라는 것을 증명해야 한다.

[경험에 대해 묻는 질문 사례]

• 지금까지 살면서 가장 높은 수준으로 목표를 설정했던 경험에 관해 기술하시오.

- 주어진 자원(시간, 비용 등)만으로 달성하기 힘든 일을 기존 방식과 다른 방법으로 시도하거나 본인이 주도해서 과감히 추진했던 경험에 관해 기술하시오.
- 가장 크게 몰입해서 '재미있게' 했던 경험에 관해 기술하시오.
- 가장 뛰어난 성과를 이뤄냈던 경험을 구체적으로 적으시오.
- 도전적인 목표를 정한 다음, 체계적인 계획을 세우고 실천했던 경험을 서술하기 바랍니다. 아울러 목표와 계획의 세부적인 내용, 어려움을 극복한 방법, 결과적으로 본인이 얻은 성취에 대해 구체적으로 써주시기 바랍니다.

이처럼 기업들이 경험을 중점으로 묻는 이유가 무엇일까?

첫째, 기업의 인재상에 맞는 인물인지 파악하는 데 효과적이다. 보통 이러한 질문은 기업의 인재상 또는 그 당시 중요하다고 생각하는 역량을 중심으로 관련된 경험을 쓰라는 경우가 많다. 그렇게 해서 얻은 답변으로 기업에서 필요한 역량을 충분히 확보하고 있는지를 수월하게 파악할 수 있다.

둘째, 다양한 실무 역량을 효과적으로 평가할 수 있다. 성장 과정, 장점과 단점, 지원 동기 등의 질문에 비해 실무 역량의 보유 여부를 좀 더 알게 된다. 해당 경험에 대한 이야기를 보면서 지원자가 상황 판단력, 문제 해결력, 조직 적응력, 창의력 등을 어떻게 발휘했는지 평가할 수 있기 때문이다.

셋째, 해당 분야에 대한 지원자의 관심을 확인할 수 있다. 지원자가 그동안 해당 분야에 얼마나 오랫동안 관심을 가졌는지 알게 된다. 평소 관심도 없는데 지원한 사람이라면 자기소개서에 쓴 경험도 해당 분야와 관련이 적을 것이다.

넷째, 면접 전형과 연계가 수월하다. 면접 전형에서 면접관은 실무 역량을 평가하려고 특정 경험에 대해 검증하는 질문을 하는데 경험을 강조한 질문이 있다면 진행이 용이하다.

이와 같은 이유 때문에 최근 실무 역량이 강조되는 흐름에 맞춰 경험 사례를 묻는 질문이 포함되고 있다. 이러한 질문을 받으면 당연히 경험을 강조해야 한다. 물론 아무 경험이나 이야기하는 것은 안 된다. 회사의 평가 의도와 강조해야 할 역량을 제대로 파악한 다음, 가장 적합한 경험으로 이야기를 전개한다.

이야기 전개는 앞에서 스토리텔링을 다루며 제시한 'IDEA'를 활용하면 효과적이다. 여기서는 최근에 가장 많이 출제되는 경험 사례 관련 질문들의 작성 전략을 설명하고자 한다.

① 도전적인 자세로 목표를 이룬 사례
- 질문 의도 : 스스로 동기 부여를 하고 높은 목표를 세운 다음, 달성하기 위해 최선을 다하는 모습이 매우 중요하다. 자기

주도적이고 자발적으로 열심히 일하는 사람들이 모여 큰 시너지를 내면서 목표를 달성하는 모습이야말로 기업이 원하는 모습이다. 특히 영업, 마케팅 관련 직무에서는 이러한 성향을 더욱 중요하게 생각한다. 이 질문을 통해 이러한 성향을 갖고 있는지 파악하려고 하는 것이다.

- 작성 전략: 반드시 그렇게 할 필요가 없는 상황인데도 다른 사람들에 비해 더 높은 목표를 세우고 달성하기 위해 최선의 노력으로 성과가 나온 사례를 구체적으로 이야기한다. 노력과 성과를 더욱 두드러지게 하기 위해서는 'IDEA'에서 'DDifficulty'가 확실히 강조되어야 한다.

생활용품 회사 마케팅 직무 합격 사례
도전 성취 경험

도전적인 자세로 높은 목표를 세워 성취했던 사례를 기술해주십시오.

제가 다닌 대학교 학생들은 학교에 대한 자부심이 별로 없었습니다. 특히 학교 축제는 재미없기로 유명해서 학생들의 관심이 매우 적었습니다. 마케터를 꿈꿔왔던 사람으로서 축제를 새롭게 기획하고 제대로 홍보하여 축제가 활성화되게 하고 싶었습니다. 더 나아가 학교에 대한 학생들의 의식을 바꿔 보고 싶었습니다. 그래서 저는 총학생회에 지원했고 홍보 차장을 맡게 되었습니다.

우선 기존 축제의 문제점을 파악했습니다. 재미없는 축제라는 인식 때문에 학생들의 참여율은 저조했고 참여자가 적으니 초라하게 보이면서 더욱 관심이 없어지는 악순환의 상황이었습니다. 예산도 부족해서 교내에 축제 현수막을 부착하는 것 외에는 별다른 홍보를 할 수 없었습니다.

저는 학교만의 축제가 아닌 인근 지역까지 함께하는 축제로 만들려고 했습니다. 인근 식당과 상점에 협조를 구해 홍보물을 붙이고 축제 기간 동안 점원들이 학교 티셔츠를 입게 해 달라고 제안했는데 흔쾌히 동참해주셨습니다. 또한 학교를 상징하는 색과 같은 색의 옷을 입고 오면 서비스를 더 주는 이벤트도 제안했습니다.

그다음 학교와 가까운 전철역으로 찾아갔습니다. 제법 긴 지하도 통로에 축제를 알리는 광고물을 설치하고 싶었지만 거절당했습니다. 하지만 포기하지 않고 당시 사회 공헌 차원에서 전철역이 추구하던 문화 사업의 콘셉트와 대학교의 축제 콘셉트가 같으며 축제 활성화에 도움을 준다면 사회 기여 차원에서 홍보도 가능하다는 점을 강조했습니다. 이러한 노력끝에 허가가 떨어졌고 해당 전철역 지하도 통로에 축제 광고물이 부착될 수 있었습니다.

마지막으로 전공에서 배웠던 미디어 홍보에도 도전했습니다. 축제를 알리는 보도 자료를 작성해 관련 분야 기자들에게 이메일을 보내고 전화까지 걸었습니다. 하루가 멀다 하고 연락하는 저를 귀찮아하신 분들이 더 많았지만 결과적으로 5~6개 정도의 온라인 매체에 기사를 실을 수 있었습니다.

그 결과, 축제 기간 동안 전년에 비해 2~3배 많은 사람이 참석했고 예년보다 훨씬 북적이는 분위기가 만들어졌습니다. 학교 게시판에 올라오는 후기들을 보니 학교에 대한 학생들의 인식이 변화된 것을 실감할 수 있었고 저와 총학생회 학생들은 뿌듯함을 느꼈습니다.

GOOD POINT

자신이 도전적인 목표를 세우게 된 계기와 함께, 그 목표가 '도전적'이라고 생각하는 이유, 그리고 도전적 목표를 어떤 구체적인 시도와 노력으로 달성했는지에 대해 잘 표현했다. 특히 마케팅 분야 자원자로서 다양한 홍보 및 마케팅을 시도했던 내용을 구체적으로 부각시키면서 지원 부문에 활용할 수 있는 역량을 성공적으로 보여줬다.

② 가장 큰 실패 사례

- 질문 의도: 회사 생활을 하다 보면 어려운 상황에 부딪히는 경우가 많다. 크고 작은 실수를 하는 바람에 상사에게 꾸지람을 들을 수도 있고 조직에 적응하지 못해 큰 스트레스를 받기도 한다. 사실 기업에서는 이러한 일이 항상 벌어지기 때문에 쉽게 좌절하거나 의기소침하지 않고 묵묵히 업무에 정진할 수 있어야 한다.

  다양한 도전을 하다가 실패를 겪고 그 실패를 극복한 경험이 많으면 사회에서도 크고 작은 실수나 실패를 잘 이겨낼 수 있다. 기업들이 지원자의 이런 자세를 알고 싶은 것이다.

- 작성 전략: 지원자들 입장에서는 자기소개서에 '실패'라고 할 만한 사례를 찾기가 어렵다. 대부분 평탄한 생활을 했기 때문이다. 물론 실패라고 생각한 이야기를 자기소개서에 넣는 것을 부담스럽게 생각한다. 그렇다고 실패 사례를 너무 어렵게 생각하지 말자. 자신이 큰 의미를 두고 도전이나 추진한 일 중에서 안타깝게 실패했지만 그 실패의 원인을 분석하고 개선하여 이후 유사한 상황에서는 좋은 결과를 냈다는 이야기를 쓸 수 있는 정도면 된다.

실패 경험

본인의 가장 큰 실패 경험에 대하여 기술하시오.

제가 다녔던 태권도 도장은 그리 큰 규모가 아니었으며 검은 띠는 관장님을 제외하고 저뿐이었습니다. 그래서 관장님의 신뢰를 얻은 이후부터는 관장님이 자리를 비우면 제가 사범 대리를 하며 단원들의 훈련과 품세 지도를 담당했습니다.

당시 제가 있던 지역에는 태권도 국가 대표 코치 또는 태권도 협회장 출신 관장의 도장이 많아서 특별히 내세울 것이 없던 저희 도장은 존재감이 별로 없었습니다. 그래서 '이 지역에서 가장 인기 있는 도장이 되자'라는 목표를 세우고 신문에 광고도 진행하면서 태권도 시범 행사 의뢰가 들어오면 거의 대부분 참석했습니다.

1년에 네 번 열리는 공식적인 태권도 시범회에서 3단 뛰기 격파를 해보라고 관장님께서 제안하셨습니다. 품세 위주의 시범을 주로 했던 제게 격파는 새로운 도전이었지만 학업과 훈련을 병행하는 바쁜 일정에도 꾸준하게 격파 연습을 했습니다. 이 정도면 됐다고 생각할 정도로 자신감을 갖게 되었습니다.

행사 당일, 수백 명의 관중이 모였습니다. 마지막 격파 순서

여서 책임감도 남달랐고 긴장도 많이 되었습니다. 그래서였는지 첫 번째 격파 시도는 실패했습니다. 관장님께서는 한 번 더 시도하라고 기회를 만들어 주셨는데 안타깝게도 두 번째 역시 실패하고 무대를 쓸쓸히 내려왔습니다.

현장에서 긴장해도 역량을 발휘할 만큼 준비가 되어 있어야 했는데 그렇게 하지 못했다는 점을 뼈저리게 반성했고 저를 믿어주신 관장님과 단원들에게 면목이 없었습니다. 실망감에 빠져 있던 저를 위해 관장님께서는 다음 정기 시범회에 다시 기회를 만들어 주셨습니다. 이번에는 절대로 실패하지 말자는 각오로 이전보다 더욱 노력했고 다음 시범회에서 3단 격파를 한 번에 마칠 수 있었습니다.

그때의 실패 경험을 통해 아무리 자신 있는 분야라도 항상 꾸준하게 노력하는 자세가 뒷받침되어야 최상의 실력이 발휘될 수 있다는 교훈을 얻었습니다. 이러한 마음가짐을 갖고 부단한 노력을 통해 성과를 만드는 영업 담당자가 되겠습니다.

GOOD POINT

태권도 도장을 본격적으로 홍보하던 시기에 있었던 중요한 행사에서 핵심적인 역할을 맡았지만 충분한 대비를 하지 못해 실패를 경험하고 심리적인 타격을 받았던 사례다. 이처럼 생활 속의 사례라고 해도 자신에게 큰 의미가 있는 사건이라면 충분히 실패 사례로 활용할 수 있다.

③ 협업 사례

- 질문 의도: 회사는 조직이다. 적게는 몇 명, 많게는 수십 명, 수백 명의 팀 단위로 협동해야 한다. 그러다 보니 분위기가 어두워지거나 뒤처지는 조직원이 생기는 것과 같은 문제가 발생한다. 기업은 이렇게 조직에서 발생하는 문제를 잘 해결하는 인재를 뽑기 위해 협업과 관련한 질문을 한다.

- 작성 전략: 그동안 몸담았던 조직 중에서 조직원들과 같이 노력해 얻은 성과가 있었던 사례를 정한다. 그런 다음, 자신이 기여를 했던 부분을 강조해 작성한다. 서로 협조가 어려웠던 부분이 무엇 때문이었는지, 이러한 부분을 해결하기 위해 개인적으로 어떤 노력을 기울이고 어떤 희생을 감수했는지에 대해서도 이야기한다.

통신 회사 마케팅 직무 합격 사례
협업 경험

조직 생활에서 협력을 통해 공동의 목적을 달성할 수 있었던 사례를 제시하시오.

국제 경제 연구 학회의 회장이 되어 동문회를 기획하게 되었습니다. 선배들에게 간단한 저녁 식사와 술자리가 아닌 추억과 감동을 전하고 싶었습니다. 그러나 학회 회원들과 회의를 거듭해도 마땅한 아이디어가 나오지 않았고 서로 바쁘다 보니 어느 누구 하나 일을 맡으려고 하지 않았습니다. 그래서 제가 솔선수범하여 구체적인 대안을 제시하기로 마음을 먹었습니다.

먼저 학회의 정체성과 전통을 확립하고자 정관을 개정하고 기수별로 동문 선배들의 직장과 연락처 등을 체계적으로 정리했습니다. 저의 적극적인 모습과 열정을 보며 회원들도 도와주기 시작했고 선후배 간에 공감대를 형성할 방안을 함께 고민했습니다. 그래서 선배들이 향수를 느낄 수 있도록 학회의 자랑인 스터디 그룹 활동을 소재로 개그 공연을 기획하고 연습에 많은 시간과 정성을 쏟았습니다.

결과적으로 동문회는 화기애애한 분위기로 진행되었고 선배들의 높은 만족과 함께 성공적으로 마무리되었습니다. 이를 계기로 학회 구성원들 간의 협동심을 다지고 더욱 발전할 수 있었습니다. 아울러 구성원들의 진심 어린 협력을 이끌어 내기 위해서 개인보다 조직을 우선적으로 생각하는 리더의 역할이 중요하다는 것도 깨닫게 되었습니다.

④ 창의력 발휘 사례

- 질문 의도 : 불확실성이 높아진 최근의 경영 환경에서 기업들은 어느 때보다도 창의적인 사고의 인재를 원한다. 특히 기존의 노동 집약적 제조업에서는 '열심히', '성실히' 일하는 사람들이 인정받았지만 이제는 시대가 변했다. 트렌드를 빠르게 읽고 기존의 틀을 깨는 사고방식의 창의적 인재들이 절실히 필요하다. 그래서 틀에 박히지 않은 창조적인 아이디어를 낼 수 있는 사람을 찾으려고 한다.

- 작성 전략 : '창의력'은 말 그대로 전통적 유형에서 벗어나 새롭게 사고하는 능력이다. 그런데 이 창의력 사례를 찾기가 쉽지 않다. 창의력을 발휘할 상황이 모두에게 주어지는 것도 아니며 창의력이 원한다고 쉽게 발휘되는 역량도 아니기 때문이다.

  그렇다고 너무 어렵게 생각할 필요까지 없다. 기존에 행하던 방식에서 조금이라도 다르게 제안해 효과가 있었던 사례에서 찾으면 된다. 어떤 계기로 기존 방식과 차이가 나는 새로운 아이디어를 내게 되었는데 그 아이디어를 적용하면서 어려움이 있었지만 기존 방식에 비해 구체적으로 어떤 부분이 얼마나 개선되었는지를 알릴 수 있는 내용이면 적합하다.

항공사 경영 지원 직무 합격 사례

창의력 발휘 경험

창의성을 발휘하여 문제를 해결했던 경험에 대해 기술하시오.

대학 시절 축구 동아리를 설립해 키웠던 경험이 있습니다. 당시에는 비공식적으로 축구 연습을 하는 모임만 있었고 공식적인 동아리는 없었습니다. 저는 정기적으로 경기를 개최해 친목을 도모하면서 건강을 유지하기 위해 축구 동아리를 설립하기로 했습니다.

처음 시작할 때에는 학생들의 관심이 저조했고 경기 최소 인원인 11명을 모으는 것도 쉽지 않았습니다. 하지만 회원 20명 이상이 매주 모여 꾸준하게 연습과 경기할 수 있는 동아리를 만들기로 하고 새로운 홍보 방식을 시도했습니다.

추천을 통해 소개받고 그렇게 온 사람들이 꾸준히 참여하면 경기 후에 갖는 회식 비용을 일정 기간 면제해주기로 한 것입니다.

작은 아이디어였지만 효과는 컸습니다. 동아리 활동을 즐기던 일부 회원이 친한 친구를 여러 명씩 데려와서 몇 달 만에 20명을 채우게 되었습니다. 이후부터 정기적으로 연습하고 경기에도 참여하면서 학교의 대표적인 스포츠 동아리로 자리 잡았습니다.

GOOD POINT

> 새로운 축구 동아리를 창설하고 회원을 20명이나 모집해야 하는 어려운 과정이었지만 새로운 아이디어를 제시해 동아리를 활성화한 성공 사례를 잘 표현했다.

⑤ **필요한 역량을 갖추기 위해 노력한 사례**

• 질문 의도: 가장 복합적인 질문이라고 할 수 있다. 기업은 이 질문을 통해 지원자가 지원하는 직무의 업무를 잘 이해하고 있는지, 그 업무를 수행하는데 필요한 역량을 갖고 있는지, 그리고 구체적인 경험 사례를 통해 해당 역량을 갖고 있다는 것을 보여줄 수 있는지 등을 파악하려고 한다. 최근 자기소개서 항목에 자주 등장하는 문항 중 하나다.

- 작성 전략: 지원하는 직무의 성격을 정확히 이해하고 해당 직무를 수행할 때 필요한 역량을 2~3가지 정도로 정리할 수 있어야 한다. 그리고 각각의 역량이 있다는 것을 효과적으로 보여주는 경험 사례를 제시하면 된다. 글의 구성은 두괄식으로 하고 해당 업무에서 필요한 역량을 정의해준 다음, 각각에 대해 별도의 문단 또는 문장으로 증명하는 구성이 바람직하다.

IT 기업 컨설팅 직무 합격 사례
필요 역량을 갖기 위한 노력

지원하는 직무에서 필요한 역량을 갖추기 위해 어떤 노력을 기울여 왔는지 설명하시오.

저는 대학을 다니면서 컨설팅 업무에 필요한 이론적, 실무적 역량을 착실히 쌓아 왔습니다.

첫째, 경영학을 전공하면서 경영 전략, 마케팅 전략 등 관련 과목을 성실히 수강해 모두 A+ 학점을 취득했습니다. 특히 SCM, MIS와 같이 시스템적 접근을 요하는 분야에도 관심이 많아 집중적으로 공부했고 체계적이며 논리적인 사고 능력을 기를 수 있었습니다. 또한 국제 리더십 관련 과목에서는 다양한 국가 출신의 학생들을 이끌며 글로벌 리더십과 커뮤니케이션 능력을 길렀습니다.

둘째, 식스 시그마의 GB 과정 자격증을 취득하면서 실무 프로젝트를 진행했습니다. 그러면서 데이터를 분석하고 해결책을 찾으며 경영 혁신 및 전략 업무의 실무를 체험했습니다. 금년 여름에는 ○○사의 마케팅 개발 프로젝트에 인턴으로 참여해서 조사와 컨설팅에 관련된 실무 역량을 향상시키기도 했습니다.

GOOD POINT

자신이 컨설팅 직무에 필요한 역량을 갖추고 있다는 것을 이론적 사례와 실무적 사례를 바탕으로 설득력 있게 제시했다. 특히 컨설팅 업무에 필요한 지식적 요소뿐만 아니라 리더십, 커뮤니케이션 능력, 실무 역량을 보유하고 있는 인재라고 제대로 표현했다.

05

논리적인
글쓰기

P&G, 로레알, 골드만삭스 등 유명 외국계 기업은 신입 사원을 모집할 때 인턴 과정을 통해 철저하게 업무 역량을 검증하고 나서야 정규직 사원으로 선발한다. 최근에는 SK, 롯데 등 국내 대기업들도 인턴 제도를 적극 활용해 실무 역량을 갖춘 인재를 선발하려고 노력한다.

기업은 정해진 기간 동안 인턴들에게 일할 기회를 주거나 때론 다양한 실무 프로젝트에 참여하게 하여 실무 역량을 평가한다. 이러한 점에서 인턴 제도는 채용 전에 실무 역량을 평가할 수 있는 가장 효과적인 방법이다.

안타깝게도 기업 입장에서는 이러한 인턴 제도를 운영하는데 많은 시간과 노력이 들기 때문에 공채 때마다 적용하지 못하고 있다. 그래서 최근 해당 분야에 대한 지원자들의 관심과 실무 지식을 날카롭게 평가하기 위해 새롭게 등장한 것이 바로 '전략 수립 및 아이디어 제시와 관련된 질문'이다. 예를 들어, '지원하신 회사와 관련된 최근 이슈 중 본인이 생각하기에 중요하다고 생각되는 것을 한 가지 선택한 후, 해당 이슈에 대한 본인의 견해를 설득력 있게 밝혀 주시기 바랍니다', '○○사가 경쟁사 대비 강점과 부족한 점이 무엇이며 본인이 입사한다면 어떻게 보완할 수 있는지 기술해주십시오' 등과 같은 질문 유형이다.

이러한 질문들은 흔히 기업들이 개최하는 공모전에 나올 법한 내용으로 지금까지 생각했던 자기소개서의 질문과 다르다. 기업은 이런 유형의 질문들을 통해 지원자가 해당 산업, 기업에 대한 최근 이슈와 트렌드를 정확히 이해하고 있는지, 지원한 직무에서 실무적으로 적용이 가능한 전략적 해결책을 제시하는 능력을 갖추고 있는지 파악한다. 또한 기존의 자기소개서 내용과 다르게 논술과 같은 형태의 논리적인 글을 쓸 수 있는지에 대해서도 파악하려고 한다.

전략 수립 및 아이디어 제시와 관련된 질문에 답변하려면 콘텐츠의 깊이뿐만 아니라 논리적 글쓰기도 중요하다. 그동안 콘텐츠에 대해 이야기했으니 이제부터 자기소개서에 필요한 논리적 글쓰기의 방법에 대해 알아보자. 논리적으로 글을 쓰기 위해서는 다음과 같은 방식을 활용할 수 있다.

① 문제 정의

해결할 문제를 명확히 정의한다. 이를 위해 필요한 정보를 취합하여 해당 문제의 조건을 구체화한다. 그리고 나서 문제의 맥락을 이해하고 목표를 달성하기 위한 가설을 수립한다.

② 구조화

(문제) 구조화란, 앞 단계에서 광범위하고 복잡하게 정의된 문제를 체계적이고 구체적으로 분석이 가능하게 세분화하는 것이다. 이 과정에서 'MECEMutually Exclusive Collectively Exhaustive'와 '이슈 트리Issue Tree'를 활용해 단계별 구조를 만든다.

'MECE'란, 중복되지 않도록 정리하고Mutually Exclusive, 찾아낸 것을 다 합쳤을 때 빠진 부분이 없는지Collectively Exhaustive 파악하는 것을 의미한다. 즉, 어떤 사항에 대해 겹치지 않으면서도 누락되지 않게 하여 부분으로 전체를 파악하는 것이다.

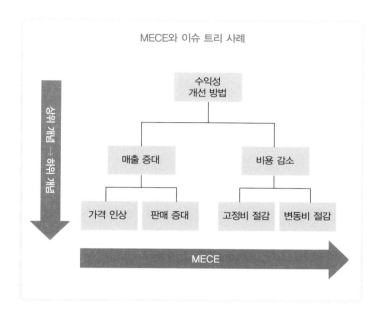

MECE와 이슈 트리 사례

수익성
개선 방법

상위 개념 → 하위 개념

매출 증대

비용 감소

가격 인상   판매 증대   고정비 절감   변동비 절감

MECE

'이슈 트리'란, 개념을 MECE의 사고방식에 기초해서 나뭇가지 모양으로 분해하여 정리하는 것을 의미하며 원인 파악이나 해결책을 구체화하는 데 유용하다.

③ 우선 순위화를 통한 대안 선정

'파레토의 법칙'이라고 있다. 이탈리아 통계학자 파레토가 이탈리아 전체 붋의 80퍼센트를 20퍼센트 인구가 점유한다는 결과를 발표하면서 널리 쓰이게 된 법칙인데 지금은 여러 분야로 확장되어 전체 결과의 80퍼센트가 전체 원인의 20퍼센트에서 발생하는 현상을 의미한다. 흔히 20대 80, 2대 8의 법칙이라고도 한다. 예를 들어, 기업 매출의 80퍼센트는 전체 제품 중 20퍼센트에서 나온다고 보는 것을 말한다.

이 법칙이 여기서도 적용된다. 핵심 이슈 20퍼센트에 집중하면 80퍼센트의 문제가 해결되는 것이다. 그래서 핵심 이슈 20퍼센트를 파악하기 위해서는 세부 이슈에 대한 우선 순위화가 필요하다.

앞 단계에서 진행한 구조화를 통해 다양하게 파악된 것을 나름대로 마련한 기준으로 순위를 세운다. 순위를 세우는 대표적인 기준으로는 실현 가능성, 긴급성, 안전성, 매출 기여도 등이 있다. 그렇게 해서 맨 위에 있는 대안 중 하나 또는 몇 개를 정한다.

④ **실행 방안 도출**

앞 단계에서 선정한 대안에 대한 실행 방안을 구체적으로 세운다. 실행 방안이 갖춰야 할 요소의 예는 다음과 같다.

- Clean: 명확해야 한다.
- Executable: 실행이 가능해야 한다.

- MECE: 가급적 다양한 요소를 고려해야 하며 중복되지 않고 누락되지도 않아야 한다.

실무 아이디어

○○은행이 앞으로 해결해야 할 가장 중요한 이슈에 대해 제시하시오.

최근 금융권에 가장 뜨거운 이슈가 바로 모바일 뱅킹입니다. 저는 ○○은행이 이 부문에서 추진해야 할 전략적 과제는 다음 두 가지라고 생각합니다.

첫 번째, 모바일 뱅킹에 대한 보안 강화입니다. 고객들이 모바일 뱅킹과 관련해 가장 우려하는 점이 개인 정보 보호 및 금융 거래의 보안이라고 알려져 있습니다. 지금도 기술적으로 많은 발전이 이뤄졌지만 앞으로 모바일 뱅킹을 공격적으로 확대하기 위해서는 고객들이 아직도 우려하고 있는 보안 부문을 확실히 해결하는 것이 중요합니다.

두 번째, 어플리케이션 기능 다양화를 통한 이용 고객의 확대입니다. 장애인 고객들을 위해 특화된 기능을 보유한 어플리케이션이 있지만 노년층 고객이나 외국인 고객을 위한 기능까지 추가한다면 좀 더 넓은 고객 기반을 확보할 수 있을 것으로 기대됩니다.

GOOD POINT

최근 은행권의 이슈 중 '모바일 뱅킹'을 고르고, 이에 대한 자신의 생각을 논리적으로 전개했다. 특히 특정 소비자 고객을 설정해 구체적인 전략을 제시한 점이 돋보인다.

06

소제목으로
흥미를 유도하라

기업에서 자기소개서를 검토하는 채용 담당자들은 하루에도 수십, 수백 장의 자기소개서를 읽어야 한다. 아주 특별한 내용을 담은 자기소개서라면 몰라도 대부분 내용에 차이가 거의 없어서 매우 지루한 경우도 많다.

자기소개서의 내용이 충실하고 차별화되어야 하는 것은 분명하지만 표현 방법에도 특별한 무언가가 있어야 한다. 이왕이면 다홍치마라는 말도 있지 않은가. 그래서 자기소개서에 표현의 변화를 주기 위해 주로 사용하는 방법이 '소제목 넣기'다. 적합한 소제목은 내용을 좀 더 부각시키는 좋은 양념이 된다. 깔끔한 소제목 하나가 자기소개서를 검토하는 담당자의 흥미를 끌게 만들기도 한다.

면접에서도 효과가 크다. 현실적으로 자기소개서를 사전에 충분히 검토하고 들어오는 면접관들은 드물다. 면접을 보면서 자기소개서를 보는 경우가 많은데 이때 자기소개서의 소제목이 면접관의 눈에 먼저 들어오므로 짧은 시간 안에 소제목만으로도 좋은 인상을 줄 가능성이 높다.

일반적으로 소제목은 대괄호([ ])를 사용하거나 이탤릭체로 눈에 띄게 한다. 그렇다면 자기소개서의 소제목을 어떻게 작성해야 할까? 다음에 소개하는 유형을 참고하면 효과적이다.

- 요약형: 가장 일반적인 소제목 작성 방법이며 지원자들 대부분이 활용하고 있다. 내용을 가장 요약적으로 나타내는 문구로, 해당 부분의 전체 의미를 예측하거나 이해하는 데 도움을 준다. 우리나라 기업들은 대부분 보수적인 시각을 가진 경우가 많아서 '너무 튀는' 소제목보다 '무난한' 요약형 소제목이 좋다. 물론 경우에 따라 식상하게 보일 수 있으니 주의한다.

  예 [전공 역량, 실무 능력 및 글로벌 역량을 고루 갖춘 지원자, ○○○입니다.]

- 정서형: 상대방의 감정을 자극하는 효과가 있다. 주로 봉사처럼 따뜻한 내용에서 활용한다. 사랑, 동심, 그리움, 따뜻함 등의 이미지를 전달하는데 자칫 내용을 충분히 반영하지 못하고 감정에만 호소하려는 느낌을 줄 수도 있다.

  예 [선후배 간의 따뜻한 정을 느꼈던 봉사 활동.]

- 질문형: 상대방의 호기심을 유발해 내용을 궁금하게 만드는 효과가 있다. 기대감을 갖게 하는데 효과적이지만 만일 내용이 빈약하면 오히려 실망감을 줄 수 있으니 유의한다. 가끔 지나치게 도발적으로 표현하는 경향이 있는데 좋지 않은 인상을 줄 가능성이 높다.

  예 [세계 여행, 어디까지 가보셨나요?]

- 반전형: 평범한 내용이지만 채용 담당자의 눈길을 끌기 위해 독특한 반전 요소를 뽑아내서 강조한다. 눈길을 끄는 것이 가장 큰 목적이지만 자칫 지원자가 가볍게 보일 수 있으니 함부로 쓰지 않는다.

  예 [영업, 전 해본 적 없습니다.](영업 분야 지원자의 경우)

- 상징형: 내용에 등장하는 상징적인 사물이나 인물을 활용하는 방법이다. 내용 전체를 한 단어로 표현할 수 있다는 효과가 있으나 지원자만 아는 사물이나 인물로 했다가는 오히려 헷갈리게 할 수 있다.

ⓔ [뉴욕 타임스퀘어에서 한국 홍보 대사를 하다.]

- 차용형: 명언이나 고사성어를 갖다 쓰는 방법이다. 깊이 있는 생각과 인문학적 소양을 나타낼 수 있지만 내용에 맞지 않거나 잘 모르고 사용하면 지원자 자신이 무식하다는 것을 드러낼 위험이 있다.

  ⓔ [우공이산愚公移山의 자세로 업무에 임하겠습니다.]

이외에도 여러 가지 유형이 있으니 내용에 맞게 소제목을 넣는다. 반드시 이해하기 쉽고 지나친 비약이 없어야 하며 기억에 오래 남도록 하는 것이 중요하다.

07

사소한 실수라도
놓치지 마라

애플을 창업한 고故 스티브 잡스는 결벽증에 가까운 완벽주의자였다. 매킨토시를 만들 때, 기판 개발을 담당한 직원에게 좀 더 보기 좋게 배치하라고 요구하면서 "위대한 목수는 아무도 보지 않는다고 장롱 뒤에 질이 나쁜 목재를 사용하지 않는다"라는 말을 했다. 또한 신제품 설명회를 위한 몇십 분의 프레젠테이션을 위해 3주 이상을 집중하면서 모든 내용을 완벽하게 이해해야 준비가 끝난 것으로 생각했다.

삼성그룹을 창업한 고故 이병철 전 회장도 자타가 공인하는 완벽주의자였다. 사업뿐만 아니라 작고 사소한 것까지 완벽을 기했다. 사업 계획서를 작성할 때 글씨 하나가 비뚤어지면 처음부터 다시 작성하도록 지시했다. 평생 좋아했던 골프도 잘 되지 않으면 날이 어두워질 때까지 수백 개의 공을 치면서 연습할 정도였다고 한다.

이처럼 성공하는 기업의 창업자들은 완벽을 추구하는 성향을 갖고 있는데 이 성향이 자연스럽게 기업 문화에도 반영되어 있다. 그래서 많은 기업이 완벽함을 대변하는 꼼꼼한 성향의 지원자를 선호하고 있다.

만일 자기소개서에 사소한 실수가 있다면? 감점은 물론이고 아무리 내용이 좋아도 탈락할 수 있다.

자기소개서를 다 작성했다고 해도 제출하기 전까지 꼼꼼하게 검토해 사소한 실수를 방지하는 것이 중요하다. 수십 곳의 기업에 제출하기 위해 자기소개서를 정신없이 작성하다가 어이없는 실수를 뒤늦게 발견한 지원자를 많이 봤다. 그렇게 되면 내용이 아무리 충실해도 실수 하나 때문에 다른 지원자보다 불리해질 수밖에 없다. 자기소개서를 좀 더 완벽하게 마무리하려면 반드시 확인해야 하는 사항은 무엇이 있을까?

① **글자 수를 확인한다.** 기업에서는 자기소개서 작성 시 '500자 이내', '1,000자 이내' 등으로 글자 수를 제한한다. 이때 가장

바람직한 글자 수는 기업이 정한 글자 수를 거의 다 채우는 것이다. '1,000자 이내'라고 하면 1,000자에 가깝게 채운다. 보통 자기소개서를 워드나 한글 등 문서 프로그램으로 작성하므로 글자 수를 화면에서는 알 수 없다. 워드에서는 '검토' 탭을 누르면 나오는 '단어 개수'에서, 한글 프로그램에서는 '파일' 탭을 누르면 나오는 '문서 정보'의 '문서 통계'에서 글자 수를 확인할 수 있다.

그런데 여러 기업에 한꺼번에 지원하다 보면 시간이 부족해 기업별로 다르게 요구하는 글자 수를 맞추기 어렵다. '800자 이내'에 맞춰 쓴 내용을 거의 그대로 복사해서 '1,000자 이내'의 조건이 있는 기업에도 지원하는 바람에 글자 수가 부족한 상태로 제출하는 경우가 있다. 반대로 '800자 이내'에 맞춰 쓴 내용을 '500자 이내'인 자기소개서에 활용하다 보니 앞뒤를 억지로 잘라 결국 전체적으로 어색하게 만들기도 한다. 이처럼 글자 수가 지나치게 부족하거나 글의 흐름이 어색하면 채용 담당자들은 단번에 복사해서 붙였다고 생각한다.

가장 바람직한 방법은 시간을 충분히 갖고 자기소개서를 작성해 이러한 상황을 미리 방지하는 것이다. 지나치게 부족한 글자 수는 성의가 없어 보인다. 글자 수가 적게 제한되면 말하고자 하는 바를 상세하게 담기 어려우므로 되도록 핵심만 담도록 한다. 글자 수에 대한 팁은 다음과 같다.

- 글자 수 늘리는 방법

    - 글자 수가 많은 동의어나 유의어로 바꾼다.

    - 특정 단어나 상황에 대해 설명을 되도록 길게 한다.

    - 구체적이지 않은 부분이 있으면 사례를 추가한다.

- 글자 수 줄이는 방법

    - 글자 수가 적은 동의어나 유의어로 바꾼다.

    - 유사한 의미가 있는 내용들은 합친다.

    - 불필요해 보이는 형용사나 부사는 뺀다.

    - 자세하고 상세한 부분은 요약한다.

② **키보드를 잘못 치면 치명적이다.** 문법, 맞춤법이 틀리거나 오탈자는 지원자에게 치명타를 날린다. 아무리 주의해도 종종 실수하지만 그래도 주의하고 또 주의해야 한다. 의외로 지원 동기에 지원하는 회사가 아닌 다른 회사 이름을 적는 경우도 많다.

서류 전형 담당자들은 자기소개서의 오타 하나하나에 신경을 많이 쓴다. 특히 지원자가 몰리고 서류에 나타난 역량에 큰 차이가 없어 평가가 어려우면 오타나 문장 오류는 탈락시킬 좋은 구실을 제공한다. 보통 다음과 같은 생각을 하기 때문이다.

'원래 덤벙대는 성격인가 보군. 불안해서 일을 맡길 수 있겠나…'

'우리 회사에 큰 관심이 없어서 꼼꼼히 확인하지 않은 게 아닐까?'

'가뜩이나 지원자가 많고 특별히 더 나은 사람을 구분하기 어려운 상황이니 이런 실수를 한 사람은 우선 탈락시키는 게 낫겠네.'

그러므로 자기소개서를 제출하기 전까지 긴장하면서 실수 없는 자기소개서를 완성하도록 한다.

③ **가장 적절한 답변인지 확인한다.** 질문에 가장 적합한 내용을 담았는지 다시 한 번 검토한다. 마지막 검토 과정에서 더 좋은 사례가 떠올라 교체했더니 그 내용이 좋은 인상을 줘서 서류 전형에 통과한 경우를 자주 본다.

지원 분야에 적합한 자신의 강점이 명확히 드러났는지, 강점을 가장 잘 드러내는 경험들이 전체 항목에 걸쳐 적절히 배분되었는지 꼼꼼히 확인한다.

지원 동기는 자기소개서에서 중요한 비중을 차지한다. 그러므로 지원 동기가 명확하게 나타나 있는지 확인한다. 해당 업계, 해당 기업, 해당 직무에 대한 지원 동기가 각각 확실하게 보이도록 한다.

④ **문장력과 논리성이 중요하다.** '작가도 아닌데 글이 좀 어설프면 어때?'라고 생각하면 오산이다. 자기소개서는 독자인 채용 담당자가 읽고 좋은 인상을 받게 만들어 지원자 자신을 눈에 띄게 하는 것이 목적이다. 그런데 문장력이 떨어지면 독자(채용 담당자)가 처음부터 끝까지 집중해서 읽기 어려워져 글쓴이(지원자)의 의도를 충분히 파악하기 힘들다. 특히 오랜 유학생활을 했거나 이공계 지원자들의 경우 문장이 어색한 경우를 종종 본다.

작문 능력이 특별하게 중요한 직무가 아니라면 작가처럼 수려한 문장을 쓰거나 과도하게 꾸밀 필요까지는 없다. 오히려 과도하게 포장한 문장은 어색한 느낌을 줄 수 있다. 그래도 자신의 생각을 깔끔하게 전달할 정도의 문장력은 보여줘야 한다.

입사하면 보고서, 프레젠테이션 자료 등 글로 작성하는 경우가 의외로 많다. 자기소개서의 문장력이 지나치게 떨어지면 이러한 업무에 어려움이 있을 것이라는 부정적인 인상을 주게 된다.

문장력과 마찬가지로 글의 논리성도 중요하다. 앞에서 말했던 논리적 글쓰기 방식을 따르면 도움이 될 것이다.

⑤ **다양한 사람들에게 피드백을 받는다.** 자신감이 없어서 다른 사람들에게 자기소개서를 보여주지 않으려는 지원자가 많다. 안타깝게도 이런 지원자의 경우 제출하고 나서야 의외의 실수를 발견하게 된다.

자신이 아무리 꼼꼼하게 살펴봐도 놓치거나 실수하는 부분이 있기 마련이다. 그러므로 최소한 3명 이상에게 피드백을 받으면 좋다. 여러 시각에서 조언받기 위해 친구뿐만 아니라 현직에 있는 선배들에게도 부탁한다. 다양하게 받을수록 합격 확률은 높아진다. 맞춤법, 오탈자와 같은 기본 사항은 물론이고 글의 내용이 쉽게 이해되는지, 논리적 비약은 없는지 등을 묻는다.

⑥ **반드시 저장한다.** 제출 전에 최종 자기소개서는 저장해놓고 있어야 한다. 일부 기업은 인터넷 채용 사이트를 통해 자기소개서를 받는데 추후 조회가 되지 않는 경우가 있다. 만일 컴퓨터에 저장하지 않았으면 자신의 자기소개서를 다시 볼 수 없어서 서류 전형을 통과하고 면접을 준비할 때 큰 차질이 생기

게 된다.

지원을 거듭할수록 자기소개서 글들이 더 다양해지고 완성도가 높아지므로 작성할 때마다 컴퓨터에 구분해서 정리하면 추후 언제든지 꺼내서 볼 수 있다.

최종 점검은 선택이 아닌 필수다. 지금까지 말한 확인 사항을 바탕으로 자기소개서의 부족한 부분을 깔끔하게 채울 수 있을 것이다.

MBTI,
자신에게 맞는
직무 찾기

내게 맞는 직무를 찾지 못해 고민될 때 성격을 고려해서 정하는 것도 하나의 방법이다. 의외로 이 방법이 내게 적합한 직무를 찾는 지름길이 되는 경우가 많다. 현재 널리 쓰이고 있는 성격 유형 검사 도구는 MBTI다.

그동안 다양한 취업 준비생들을 대상으로 MBTI를 활용해 진로 상담을 진행했다. 그 결과, 적합한 직무를 선정하는 데 매우 효과적이라는 사실을 알게 되었다. 또한 MBTI 결과를 토대로 지원했을 때 취업할 확률이 높았으며 입사 후에도 만족감을 느꼈다는 의견이 많았다. 이처럼 MBTI가 유용한 이유는 다음과 같다.

첫째, 가장 신뢰할 만한 성격 검사다. 카를 융Carl G. Jung의 심리 유형론을 토대로 70년 동안 연구되었고 그 이후에도 많은 심리학자에 의해 검증을 거치면서 그 정확성을 인정받았다. 다른 성격 유형 검사보다도 많은 사람에게 시행되었으며 동시에 가장 많은 연구 결과가 있다. 그래서 검사 결과로 나오는 성격 유형이나 해석에 대한 신뢰도가 비교적 높다.

둘째, 사람들에게 가장 친숙한 성격 검사다. 우리나라 학생들 대부분은 무료로 MBTI를 받았으며 심리 상담 기관이나 인터넷을 통해서도 접할 수 있다. 물론 좀 더 정확한 검사를 위해서는 전문 가에게 받으면 좋다.

셋째, 기업에서도 많이 활용되고 있다. 인사 담당자들에게 문의 해보니, 직무에 배치할 때 MBTI 결과를 활용한다고 한다. 또한 기 업이 시행하는 직무 적성 검사와 인적성 검사 관련 문항들이 상당 부분 MBTI를 응용해 제작된다. 그렇게 취업 준비생들의 성격과 직무 적합성 여부를 파악하는 참고자료로 활용되고 있다.

그렇다면 MBTI는 무엇인가? MBTIMyers–Briggs Type Indicator 는 카를 융의 심리 유형론을 바탕으로 마이어스Myers와 브리그스Briggs가 일상 에서도 유용하게 활용할 수 있도록 고안한 자기 보고식 성격 유형 검 사 도구다. 카를 융의 심리 유형론에 따르면, 사람에게는 선천적으로 잠재되어 있는 경향이 있다고 한다. 오른손잡이에게는 오른손이 더 편하듯이 자기가 편하거나 좋아하는 쪽을 먼저 그리고 자주 사용하 는 것을 말하는데 '선호 경향'이라고도 한다. 선호 경향은 4가지로 구성되어 있는데 이것을 조합하면 16가지 성격 유형이 나온다.

우선 에너지 방향, 인식 기능, 판단 기능, 생활 양식 등 4가지로 구성된 선호 경향부터 알아보자.

'에너지 방향Energy'은 세상 사람들과 교제하는 방법, 힘과 에너지를 발휘하는 방향으로 그 경향을 파악한다. 외부 사람이나 사물에 에너지를 사용하는 '외향형'과 내부의 개념이나 아이디어에 에너지를 사용하는 '내향형'이 있다.

외향형 Extraversion	내향형 Introversion
다른 사람들과 함께 있어야 에너지가 생긴다.	혼자 조용히 있을 때 에너지가 생긴다.
다양한 사람들과 폭넓은 관계를 선호한다.	소수 사람들과 밀접한 관계를 선호한다.
말을 통한 의사소통 방식을 선호한다.	글을 통한 의사소통 방식을 선호한다.
다른 이들의 시선 집중을 즐긴다.	다른 이들의 시선 집중을 피한다.
생각보다 행동이 앞서는 편이다.	생각을 먼저 한 뒤 행동하는 편이다.
생각을 겉으로 드러내는 편이다.	생각을 혼자 머릿속에서 골몰하는 편이다.
반응이 신속하고 빠르다.	면밀히 검토한 후 반응한다.
KEY POINT '외향형'은 영업처럼 사람을 많이 상대하는 업무에, '내향형'은 되도록 혼자 일하는 사무직에 적합하다.	

'인식 기능Information'은 정보를 주목하는 형태에 따라 파악한다. 사실이나 사건을 오감으로 인식하는 '감각형'과 이면이 갖고 있는 의미, 관계 등을 주로 인식하는 '직관형'이 있다.

감각형Sensing	직관형 iNtuition
확실하고 구체적인 것을 따른다.	영감과 추론을 따른다.
오감을 통해 직접 경험한 정보를 믿는다.	이론적이고 개념적인 정보를 잘 받아들인다.
실용적 가치가 있는 구상을 좋아한다.	새로운 구상을 좋아한다.
현실성과 상식을 중시한다.	상상과 창의성을 중시한다.
기존 기술을 좋아한다.	새로운 기술의 습득을 좋아한다.
구체적이고 상세한 설명을 좋아한다.	비유적인 설명을 좋아한다.
현재에 초점을 두는 경향이 있다.	미래에 초점을 두는 경향이 있다.
KEY POINT '감각형'은 결과가 구체적으로 나오는 업무에, '직관형'은 창의적이고 미래 지향적인 업무에 적합하다.	

'판단 기능Decision Making'은 의사 결정의 방법으로 파악한다. 논리적 근거로 결정하는 '사고형'과 관계나 상황을 정서로 고려하는 '감정형'이 있다.

사고형Thinking	감정형Feeling
논리와 공정함, 그리고 한 가지 기준으로 처리하는 것을 중시한다.	동정과 조화를 중시하고 예외를 고려한다.
무정하고 딱딱하며 냉혹하게 보일 때가 있다.	지나치게 감정적이며 비논리적으로 보일 때가 있다.
감정의 표출이 논리적으로 타당할 때만 인정한다.	타당 여부를 떠나 감정 표출을 중요하게 생각한다.
성취하고자 하는 욕구가 강하다.	인정받고 싶은 마음이 강하다.
진실과 사실에 관심을 갖는다.	사람들과의 관계에 관심을 갖는다.
무엇이 잘못되었는지 잘 분석한다.	다른 사람들의 의견에 잘 공감하고 쉽게 감사한다.
목표 달성이 사람들과의 관계보다 앞선다.	사람들과의 관계가 목표 달성보다 앞선다.
KEY POINT '사고형'은 논리와 공정함이 필수인 업무에, '감정형'은 사람들과 함께하면서 성장에 관심을 기울이는 업무에 적합하다.	

'생활 양식Life Style'은 조직화된 틀에서 살기를 원하는지, 융통성 있게 살기를 원하는지에 대한 선호도로 파악한다. 외부 세계에 대해 빨리 결정하는 '판단형', 정보 자체에 관심이 많고 새로운 변화에 쉽게 적응하는 '인식형'이 있다.

판단형 Judging	인식형 Perceiving
조직적이고 구조화된 환경을 선호한다.	유연하고 개방적인 환경을 선호한다.
계획을 철저히 세우고 일을 시작한다.	일단 시작하고 본다.
미리미리 준비해서 여유롭게 끝내는 것을 선호한다.	마지막 순간에 집중해서 끝내는 것을 선호한다.
분명한 목적의식과 방향성을 갖는다.	목적과 방향성은 상황에 따라 충분히 바뀔 수 있다고 생각한다.
확실한 결정을 내린다.	대안을 여러 개 생각한다.
프로젝트를 완결할 때 만족감을 더 느낀다.	새로운 프로젝트를 착수할 때 만족감을 더 느낀다.
한정된 시간을 인지하고 마감 시간을 준수한다.	마감 시간은 얼마든지 변경이 가능하다고 생각한다.

KEY POINT '판단형'은 계획을 철저히 하고 마감 기한이 확실한 업무에, '인식형'은 빡빡한 일정보다는 유연하고 융통성 있는 업무에 적합하다.

지금까지 설명한 4가지 선호 경향을 조합한 16가지 성격 유형에 대해 알아보려고 한다. 16가지 성격 유형은 외향형에서 'E', 내향형에서 'I', 감각형에서 'S', 직관형에서 'N', 사고형에서 'T', 감정형에서 'F', 판단형에서 'J', 인식형에서 'P'를 조합해 표현한다.

MBTI 성격 유형			
세상의 소금형 ISTJ 한번 시작한 일은 끝까지 해내는 사람	**임금 뒤편의 권력형** ISFJ 성실하고 온화하며 협조를 잘하는 사람	**예언자형** INFJ 사람과 관련하여 뛰어난 통찰력을 가진 사람	**과학자형** INTJ 전체를 조합해 비전을 제시하는 사람
백과사전형 ISTP 논리적이고 뛰어난 적응력을 가진 사람	**성인군자형** ISFP 따뜻한 감성을 가진 겸손한 사람	**잔다르크형** INFP 이상적인 세상을 만드는 사람	**아이디어 뱅크형** INTP 비평적인 관점을 갖고 있는 뛰어난 전략가
수완 좋은 활동가형 ESTP 다양한 활동을 선호하는 사람	**사교적인 유형** ESFP 분위기를 고조시키는 우호적인 사람	**스파크형** ENFP 열정적으로 새로운 관계를 만드는 사람	**발명가형** ENTP 풍부한 상상력을 갖고 새로운 것에 도전하는 사람
사업가형 ESTJ 실용적으로 일을 많이 하는 사람	**친선 도모형** ESFJ 친절과 현실감을 바탕으로 봉사하는 사람	**언변 능숙형** ENFJ 타인의 성장을 도모하고 협동하는 사람	**지도자형** ENTJ 비전을 갖고 사람들을 활력적으로 이끄는 사람

출처: 어세스타

이제부터 16가지 성격 유형의 특징과 직무를 연결해서 설명하고자 한다.

① 세상의 소금형 ISTJ

특징	• 분별력을 갖고 신중하게 대처하며 책임감이 강해 성실하다. • 사실을 정확하고 체계적으로 이해한다. • 약속을 철저히 지킨다. • 현실적인 자세로 실용을 추구한다. • 작은 일이라도 상세하게 기억한다. • 일을 처리할 때 논리적이고 공정하게 분석한다. • 근면한 자세를 갖고 있어서 반복되는 일에도 인내하며 처리한다. • 차갑고 감정 없는 사람처럼 보일 수 있다. • 세부 사항에 집착하고 고집을 부리는 경향도 있다.
업무 강점	• 매사에 정확하다. • 집중력이 뛰어나고 혼자 하는 일을 잘한다. • 안정적으로 처리하며 믿음직스럽다.
개선 사항	• 변화에 맞춰 적응을 잘 하지 못한다. • 다른 의견을 대체로 인정하지 않는다. • 변화를 외면하며 융통성이 없다.
어울리는 일의 스타일	• 일의 과정에 일관성이 있고 안정된 환경에서 하는 일. • 신중하고 효율성이 높은 일. • 독립적으로 할 수 있으며 뛰어난 집중력이 필요한 일. • 자신의 일을 설명할 때 준비 시간이 충분한 일.
유형에 맞는 직무	• 재경(재무, 회계). • 구매, 자재. • 총무, 사무. • 물류, 유통. • 생산 기술. • 생산 관리. • 검증(품질). • 금융, 증권.

② 백과사전형 ISTP

특징	• 말수가 적고 논리적이다. • 사실에 근거한 객관적 추론 외에는 확신하지 않는다. • 가까운 친구들 외에는 새로운 사람과 관계를 맺으려고 하지 않는다. • 외부 상황과 상관없이 혼자만의 관심에 몰두한다. • 노력을 필요 이상으로 하지 않는다. • 긴급 상황에 대응하는 감각이 뛰어나다. • 분산된 것을 하나의 조직으로 만드는 재능이 있다.
업무 강점	• 현실적인 자세로 결과물을 구체적으로 만든다. • 복잡한 내용이라도 일정한 틀을 만들 수 있다. • 손으로 하는 일을 좋아하고 도구 사용법을 잘 익힌다.
개선 사항	• 목표를 이루기 위해 집중하고 노력하는 인내심을 키워야 한다. • 열의와 적극적인 자세가 필요하다. • 자신의 생각이나 계획을 타인과 나누도록 노력해야 한다.
어울리는 일의 스타일	• 효율적인 방법으로 이용이 가능한 자원을 쓰는 일. • 규제가 적고 시간적인 여유가 많은 일. • 불필요하게 에너지를 낭비하지 않는 일.

③ 수완 좋은 활동가형 ESTP

특징	• 느긋하고 여유가 있다. • 타인에 관대하기 때문에 갈등이나 긴장을 잘 해결한다. • 선입견이 없고 개방적이다. • 문제에 대처하는 능력이 뛰어나다. • 현재의 환경을 이용해서 목적을 달성할 새로운 방법을 잘 찾는다.
업무 강점	• 판매와 협상에 강하다. • 다양한 분야의 사람들과 잘 어울린다. • 무엇을 해야 하고 무엇이 필요한지 잘 안다
개선 사항	• 끈기와 의지를 키워야 한다. • 일을 진행하기 전에 계획부터 철저히 세운다.
어울리는 일의 스타일	• 많은 사람과 교류하는 일. • 경험과 분석 능력을 이용해 문제를 해결하는 일. • 돌발 상황에 대응해 위급한 문제를 처리하는 일. • 노력을 통해 눈에 보이는 생산물을 만들어 내는 일
유형에 맞는 직무	• 영업, 영업 관리.

④ 사업가형ESTJ

특징	• 계획을 세워서 조직화한 다음에 추진하는 능력이 있다. • 불분명하거나 실용적이지 않은 분야에는 흥미가 적지만 진행하게 되면 조건을 적절하게 응용한다. • 분명한 규칙을 중시하고 이에 따라 행동한다. • 사실에 따라 계획과 결정을 한다. • 사람을 판단하는 데 능숙하고 인간관계에서는 명쾌하다.
업무 강점	• 실용적이고 객관적이며 성과 지향적이다. • 일관성을 갖고 효율성 있게 일을 처리한다. • 의무를 성실하게 이행하지만 필요한 경우 냉정해질 수도 있다.
개선 사항	• 비능률적인 상황을 참을 줄 알아야 한다. • 목표를 이루는 과정에서는 다른 사람들을 고려하면서 의견을 경청해야 한다. • 현재에 존재하지 않는 가능성이라도 관심을 가질 필요가 있다.
어울리는 일의 스타일	• 체계적으로 조직을 만드는 일. • 논리적인 결과를 위해 시간과 자원을 효율적으로 사용하는 일. • 공정하고 객관적인 기준으로 평가받을 수 있는 일. • 기대치가 분명하고 보고 체계가 확실한 일. • 절차와 시한이 정해져 있는 일.

⑤ 임금 뒤편의 권력형 ISFJ

특징	• 책임감이 강하고 헌신적이다. • 인내심이 강해서 계속된 반복에도 끝까지 처리한다. • 침착하고 치밀해서 속한 조직에 안정감을 준다. • 자신과 다른 사람의 감정 흐름에 민감하다. • 난관이 있어도 경험을 통해 자신이 틀린 것을 인정하기 전까지 꾸준히 밀어붙인다.
업무 강점	• 직업윤리에 충실하며 책임감이 강해 부지런하다. • 정확하고 철저하며 꼼꼼하다. • 봉사를 즐기며 동료와 부하에게 협조적이다.
개선 사항	• 자신을 과소평가하는 경향이 있어 요구를 제대로 주장하지 못한다. • 지나치게 한꺼번에 많은 일을 떠맡아서 무리한다. • 지속적인 변화에 적응하지 못하기도 한다. • 인정받지 못한다고 느끼면 쉽게 위축된다.
어울리는 일의 스타일	• 관찰력을 세심하게 발휘하고 인간에 대한 관심이 연결되는 일. • 정확성이 필요하고 꼼꼼하게 정보를 다루는 일.

⑥ 성인군자형 ISFP

특징	• 다른 사람을 잘 신뢰하고 이해한다. • 겸손하고 말수가 적지만 열정적이다. 그런데 이런 모습을 신뢰하는 사람들에게만 보이기도 한다. • 인내심 많고 융통성 있으며 다른 사람들의 행동을 있는 그대로 받아들인다. • 남을 이끌려고 하기보다 좋은 구성원이 되려고 한다. • 다른 사람들이 자신을 인정해주길 원한다.
업무 강점	• 변화를 좋아하고 새로운 상황에 빨리 적응한다. • 일이 중요하다고 생각할 때 열심히 한다. • 서두르지 않으면서도 완벽에 가깝게 처리한다.
개선 사항	• 비판이나 부정적인 말에 필요 이상으로 상처받는다. • 시간을 제대로 관리하지 못한다. • 관료주의처럼 틀이 딱 정해진 조직에서는 구속감을 느끼며 불편해한다. • 남에게 자신의 능력을 알릴 줄 알아야 하고 부정적인 의견을 주기도 해야 한다.
어울리는 일의 스타일	• 실질적인 대가보다는 사회에 공헌하는 일. • 헌신과 뛰어난 적응력이 필요한 일. • 좋아하는 사람들과 함께 자율적으로 하는 일.

⑦ 사교적인 유형 ESFP

특징	• 사람들과 어울리기를 좋아해서 사교성이 뛰어나고 함께 일하기를 좋아한다. • 활기차게 일하기 때문에 주변 사람들까지 즐겁게 만든다. • 동정심이 많아서 타인에 관대하며 자신의 의지를 강요하지 않는다. • 자발적이고 설득적이며 화술이 뛰어나다.
업무 강점	• 상식이 풍부하며 현실적이다. • 활기가 넘치고 분위기를 재미있게 조성한다. • 의사소통 능력이 뛰어나다.
개선 사항	• 미리 계획을 세우거나 결과를 예측하지 못한다. • 충동적이어서 유혹에 잘 넘어간다. • 논리적이고 분석적인 판단 능력이 필요하다. • 자신과 타인에게 규율을 적용시키는 기술이 부족하다.
어울리는 일의 스타일	• 상식과 능력이 필요한 분야의 일. • 많은 사람과 함께하는 일. • 사람들에게 동기를 부여하는 능력이 필요한 일. • 자신처럼 열정, 관점을 가진 사람들과 교류하면서 하는 일.

⑧ 친선 도모형 ESFJ

특징	• 관계를 원만하게 유지하면서 행동하기 때문에 사람들에게 인기가 많다. • 동정심과 동료애가 많고 친절하면서 재치가 있다. • 관심 있는 사람, 일과 관련해서 갈등이 발생하면 회피하려고 한다. • 존경하는 사람과 사물을 이상적으로 보는 경향이 있다.
업무 강점	• 타인들과 관계를 잘 맺으려고 한다. • 일을 순서대로 하며 기억력이 좋다. • 성실하고 양심적이며 정리를 잘한다.
개선 사항	• 비판에 민감해서 마음의 상처를 쉽게 받는다. • 칭찬이나 감사의 표시가 없으면 의기소침해진다. • 긴장된 업무 환경에서는 스트레스를 많이 받는다. • 장시간 혼자 일하면 불안감을 느낀다.
어울리는 일의 스타일	• 사람을 다루고 행동이 뚜렷하게 나타나야 하는 일. • 기대치가 분명하고 객관적 기준으로 평가받는 일. • 동료, 고객 등과 갈등이나 긴장 없이 협조적인 환경에서 할 수 있는 일. • 다른 사람과의 상호 작용이 많은 일. • 자신의 성취에 대해 존경받는 환경에서 할 수 있는 일.
유형에 맞는 직무	• 홍보. • 서비스. • 금융, 증권.

특징	• 독립적이며 확고한 신념과 원칙을 갖고 있다. • 성실하고 약속을 잘 지킨다. • 조직의 조화와 의견의 일치를 우선적으로 생각하기 때문에 다른 사람들에게 자신의 정당성을 강조하고 따르게 만든다. • 강한 직관력을 갖고 있으며 창의력과 통찰력이 뛰어나다.
업무 강점	• 문제를 대할 때 창의적인 해결책을 잘 생각한다. • 복잡한 개념을 제대로 이해한다. • 화합을 도모하면서 설득력 있는 리더 역할을 할 수 있다. • 신념에 충실하다.
개선 사항	• 자신의 비전과 남의 비전을 현실에 비춰 검토할 줄 알아야 한다. • 내면에 갈등이 많고 복잡한 경향이 있다. • 지나치게 독립적이며 완벽주의를 추구한다.
어울리는 일의 스타일	• 사람의 가치를 중시하고 직관력을 사용하는 일. • 스스로 자부심을 가질 수 있는 상품이나 서비스를 창출하는 일. • 자신을 표현하고 통찰력의 결과를 볼 수 있는 일. • 가치관과 신념에 맞으며 직업윤리를 지킬 수 있는 일.

특징	• 책임감이 강하고 성실하다. • 따뜻한 마음을 갖고 있지만 평소 조용해서 잘 표현하지 않는다. • 조화를 중요하게 생각해서 이해심 많고 적응력이 좋으며 대체로 관대하고 개방적이다. • 통찰력과 장기적인 안목을 갖고 있다.
업무 강점	• 인정하는 사람들과 의미 있는 관계를 맺을 때 일을 더욱 잘한다. • 신념과 맞는 일을 할 때 아이디어를 많이 낸다. • 성실하게 의무와 책임을 다한다.
개선 사항	• 경우에 따라 비현실적으로 대처한다. • 생각을 바꿔야 할 필요가 있어도 쉽게 바꾸지 못한다. • 자신의 일에 결정권을 갖고 싶어 하는데 그렇지 못하면 일에 흥미를 잃기도 한다.
어울리는 일의 스타일	• 자신의 가치관, 신념에 맞으면서 이상을 표현할 수 있는 일. • 자신만의 작업 공간이 있어서 방해받지 않고 자율적으로 할 수 있는 일. • 규칙이 별로 없고 유연한 구조에서 하는 일. • 독창성을 표현할 수 있는 일. • 사람들을 이해하면서 움직이게 만드는 일.

⑪ **스파크형** ENFP

특징	• 열정적이고 창의적이며 자신감이 넘친다. • 지각력이 뛰어나서 평범한 일도 예민하게 관찰한다. • 상상력이 풍부하고 적응을 잘하며 천부적으로 발명가 기질을 지니고 있다. • 사물 관리보다 인간관계 유지에 더 많은 에너지를 쏟는다.
업무 강점	• 혁신적으로 사고하고 문제를 해결하는 능력이 뛰어나다. • 흥미가 있는 일을 하면 성공할 확률이 높다. • 자신의 재능을 타인의 관심과 능력에 결합할 수 있다. • 타인들에게 열정을 전파하고 동기를 부여할 줄 안다.
개선 사항	• 반복되는 일은 견디지 못한다. • 한 가지 일을 끝내기 전에 다른 일을 진행하기도 한다. • 우선순위를 정하고 조직적으로 일하는 능력이 떨어진다.
어울리는 일의 스타일	• 창의적 영감을 갖고 다양한 사람들과 여러 가지 프로젝트를 진행하는 일. • 재미있고 자극적이며 항상 변화가 있는 일. • 다양한 사람들을 만나고 새로운 기술을 배우면서 호기심을 끊임없이 충족시켜 주는 일. • 열정, 창조성, 상상력을 인정하고 보상해주는 일.
유형에 맞는 직무	• 제품 디자인. • 패션 디자인.

⑫ **언변 능숙형** ENFJ

특징	• 사람들에게 친절하고 재치 있게 대한다. • 생각을 자주 표현하는데 글보다 말을 더 좋아한다. • 자신이 정한 가치에 따라 살기 때문에 존경하는 사람이나 사상에 매우 충성하기도 한다. 때론 지나치게 이상화하는 경향이 있다. • 열정적이며 자신의 계획을 능숙하게 제시한다. • 정직하고 책임감이 강해 조직을 잘 이끈다. • 기쁨과 만족을 얻는 대부분은 주위 사람들의 온정에서 비롯된다.
업무 강점	• 화합을 중요하게 생각해서 다른 사람의 의견을 대체로 존중한다. • 의사소통에 능해서 표현력이 뛰어나다. • 결단력이 있어서 지도자적 자질을 갖고 있다.
개선 사항	• 존경하는 사람을 이상적으로 보는 경향이 있다. • 결정을 서두르고 비판에 쉽게 상처받는다. • 갈등 대처에 어려움을 느끼고 문제를 덮어주기도 한다.
어울리는 일의 스타일	• 동료, 고객들과 따뜻하고 도움을 주고받는 일. • 신뢰를 느끼는 창의적인 사람들과 팀이 되어 하는 일. • 공로를 인정받을 수 있고 업무 능력의 성장과 발전이 기대되는 일. • 조직을 구성하고 의사를 결정할 수 있는 일.
유형에 맞는 직무	• 인사, 교육.

특징	• 완벽주의자를 지향하며 논리적이고 독립적이다. • 자신의 독창적 사고와 자발성을 절대적으로 믿고 고집이 세다. 그래서 반대에 직면하면 단호하게 반응한다. 대신 다른 사람들의 무관심과 비판에 영향받지 않는다. • 자신과 다른 사람에게 요구하는 것이 많다. • 권위보다 목적에 맞을 때만 규칙을 따른다. • 뛰어난 전략가이며 상황의 장단점을 제대로 파악할 줄 안다. • 관심 있는 주제에 대해 통찰력을 갖고 체계를 잘 잡는다.
업무 강점	• 직관력과 통찰력이 강해서 복잡한 문제에 부담감을 느끼지 않는다. • 창조적이고 지적인 자극을 즐긴다. • 이론적이면서 기술적 분석과 논리적 문제 해결에 뛰어나다.
개선 사항	• 자신을 몰아붙이는 만큼 상대방도 그만큼 몰아붙인다. • 자신보다 능력이 없다고 생각하는 사람과 일하면 문제를 일으킬 수 있다. • 독립적인 성격 때문에 조직에 적응하기 힘들다. • 융통성이 떨어지고 외골수 기질이 있다. • 지나치게 확신을 갖고 있어서 양보하지 않는다.
어울리는 일의 스타일	• 직관력과 통찰력이 활용되는 일. • 전문성, 능력, 그리고 양심을 가진 사람들과 함께하는 일. • 자신이 세운 높은 기준을 만족시키는 결과물을 만드는 일. • 잡무를 반복해서 처리할 필요가 없는 일. • 높은 자율성과 권한이 있어서 사람들과 같이 변하거나 발전할 수 있는 일.
유형에 맞는 직무	• 연구 개발(R&D). • 프로그래머.

⑭ 아이디어 뱅크형 INTP

특징	• 지적이고 논리적이며 창의적인 능력을 갖고 있다. • 조용하며 남들과 어울리기보다는 스스로 몰두하는 경향이 있다. • 일의 원리와 인과관계, 가능성에 관심이 많고 문제를 깊이 분석한다. • 목적 있는 대화를 선호하며 논리적 추론이어야만 확신을 갖는다.
업무 강점	• 통찰력을 갖고 문제를 분석한다. • 창조적 아이디어와 시스템(구조)을 제시한다. • 새로운 기술과 지식을 습득할 기회가 있는 상황을 선호한다. • 자신의 아이디어와 능력에 자신감을 갖고 있다.
개선 사항	• 비현실적인 아이디어를 내기도 한다. • 반복적인 일과 사소한 업무를 참지 못한다. • 흥미를 쉽게 잃기도 하고 정리에 소홀하다. • 다른 사람의 감정을 신경 쓰지 않고 비판적이다.
어울리는 일의 스타일	• 지적 호기심을 발휘할 수 있는 일. • 새로운 아이디어를 내거나 분석하지만 실행할 때는 다른 조직원에게 위임할 수 있는 일. • 결과보다는 과정에 집중하는 일. • 복잡한 문제를 다뤄도 창조적인 방식으로 접근하는 일. • 무의미한 규칙이나 회의가 없고 유연한 환경에서 하는 일. • 다른 사람을 감독하지 않아도 되는 일.
유형에 맞는 직무	• 기획, 전략. • 마케팅, 상품 기획, 광고. • 프로그래머.

⑮ **발명가형** ENTP

특징	• 풍부한 상상력을 바탕으로 자극과 도전을 좋아한다. 그래서 한계에 직면해도 새로운 시도를 먼저 하려고 한다. • 열정적이고 독창적이며 영리해서 일을 많이 한다. • 넓은 안목을 갖고 있으며 다방면에 재능이 있다. • 사람들을 판단하기보다는 이해하려고 노력하며 돕기를 좋아한다.
업무 강점	• 복잡한 문제를 해결하는 데 뛰어나다. • 지칠 줄 모르는 에너지를 갖고 있어서 새로운 프로젝트를 끊임없이 진행한다. • 재미있고 영감 넘치는 연설을 좋아한다. • 자신감 있고 원하는 것은 무엇이든 해내려고 한다.
개선 사항	• 일을 끝내기 전에 다른 일을 시작하기도 한다. • 반복적이거나 세부적인 일은 지양하고 절차를 무시하는 경향이 있다. • 자신감이 지나쳐서 스스로 능력을 과대평가하기도 한다.
어울리는 일의 스타일	• 문제를 창조적이거나 혁신적으로 해결할 수 있는 일. • 창조성, 유능함, 임기응변 능력을 인정받는 일. • 재미, 흥분 등 다양한 경험을 할 수 있는 일. • 정해져 있지 않은 환경에서 할 수 있는 일.
유형에 맞는 직무	• 해외 영업 및 무역.

특징	• 조직을 효율적으로 관리하면서 뭐든지 지도자처럼 결정하려고 한다. 사람들을 이끄는 것에 만족감을 느낀다. • 탁월한 사고력으로 계획과 연구를 체계적으로 하면서 장기 계획을 제대로 세운다. • 비능률적이거나 확실하지 않은 상황을 싫어한다. • 현재 상황보다는 미래의 결과에 관심이 많다.
업무 강점	• 통찰력 있는 지도자가 될 수 있다. • 정상에 오를 기회가 있는 조직에서는 일을 잘한다. • 복잡한 문제라도 창조적으로 해결한다.
개선 사항	• 현실적인 문제를 쉽게 지나쳐 버리거나 일을 성급하게 추진하기도 한다. • 다른 사람의 감정에 무관심하고 칭찬이나 격려에 인색하다. • 빨리 결정을 내리고 참을성이 부족하다.
어울리는 일의 스타일	• 새로운 해결책을 발견하고 추진할 수 있는 분야의 일. • 지도하거나 통솔하면서 혁신적인 해결책을 제안할 수 있는 일. • 흥미롭고 자극적이며 경쟁적인 일. • 성취한 것을 과시하고 인정받을 수 있는 일.

MBTI의 성격 유형에 맞는 직무로는 각각 어떤 것이 있을까? 이해하기 쉽게 2장에서 설명한 '취업 준비생들이 지원하는 대표적인 직무 19가지'와 연결해서 보여주려고 한다. 여기서 직무별로 연결한 MBTI의 성격 유형은 하나의 예를 보여준 것이라고 생각하길 바란다. 스스로 좀 더 분석하면 더욱 다양하게 연결될 것이다.

[분류 1. 경영 지원 직군]

① 기획, 전략 _ 아이디어 뱅크형 INTP
아이디어 뱅크형 INTP은 논리적이며 창의적인 능력을 갖고 있다. 아이디어를 수시로 제안하고 되도록 새롭게 하려고 한다.

② 재경(재무, 회계) _ 세상의 소금형 ISTJ
세상의 소금형 ISTJ은 업무가 반복되어도 차분하게 처리한다. 그래서 매일 숫자를 다루는 업무에도 잘 적응한다. 또한 일관성 있고 안정적인 환경에서 하는 업무에 적합하다.

③ 구매, 자재 _ 세상의 소금형 ISTJ
안정성을 추구하는 세상의 소금형 ISTJ에게는 제품을 적시적소에 구비하는 업무가 잘 맞는다. 절약하고 낭비하지 않는 특성도 있어서 원가 절감이 중요한 구매 업무에 적합하다.

④ 홍보 _ 친선 도모형ESFJ

외향적인 성향이 사람을 많이 만나는 홍보 업무에 유리하다. 또한 한 번의 실수가 큰 문제를 만들 수 있기 때문에 꼼꼼함과 침착성도 필요하다. 친선 도모형ESFJ은 사람을 다루고 행동을 요구하는 분야에 강점을 갖고 있기 때문에 대내외적으로 다양한 사람들과 협업해야 하는 홍보 업무에서 역량을 발휘할 수 있다.

⑤ 인사, 교육 _ 언변 능숙형ENFJ

사람을 다루는 업무에서 역량을 발휘하는 언변 능숙형ENFJ이므로 당연히 인력을 관리하는 업무에 능하다. 인사 업무에서 자주 발생하는 조직 구성원들과의 커뮤니케이션에 강점을 보인다.

⑥ 총무, 사무 _ 세상의 소금형ISTJ

비품 등 회사의 자산을 책임감 있게 관리하는 업무이므로 현실적이며 실용적인 것을 추구하는 세상의 소금형ISTJ에 잘 맞는다.

[분류 2. 영업 마케팅 직군]

① 영업, 영업 관리 _ 수완 좋은 활동가형ESTP

사람을 만나기 좋아하고 돌발적인 상황에도 민첩하게 대응하는 수완 좋은 활동가형ESTP이 다양한 분야의 사람들과 어울리면서 일해야 하는 영업 업무에 매우 적합하다.

② 해외 영업 및 무역 _ 발명가형ENTP

임기응변과 유머 감각이 뛰어나고 매력적으로 언어를 구사하는 발명가형ENTP이 문화가 다른 해외 고객을 대하는 업무에 적합하다. 또한 열정적이고 상대방의 문제를 적극적으로 해결해주는 성향을 갖고 있어서 기업이 고객인 무역에도 맞다.

③ 마케팅, 상품 기획, 광고 _ 아이디어 뱅크형INTP

수시로 제안하고 창의적인 능력을 펼치는 아이디어 뱅크형INTP은 매번 새로운 아이디어를 내야 하는 광고와 같은 업무에 적합하다. 통찰력을 갖고 문제를 분석하는 능력도 있으므로 소비자와 시장의 트렌드를 감지하여 상품을 기획하는 일도 잘할 것이다.

④ 물류, 유통 _ 세상의 소금형ISTJ

철저함과 정확성이 강점인 세상의 소금형ISTJ은 책임감을 발휘하면서 정확하게 하려고 한다. 그래서 체계적인 시스템에 따라 제품을 고객에게 전달해야 하는 물류, 유통 업무가 잘 맞는다.

[분류 3. 연구 개발, 생산]

① 연구 개발(R&D) _ 과학자형INTJ

독창적 사고를 하고 신제품을 개발하는 업무에 흥미를 느끼는 과학자형INTJ이 연구 개발에 적합하다. 업무 특성상 장시간 혼자 고민해야 하지만 그런 것에 답답함을 느끼는 경우가 거의 없다.

② 생산 기술 _ 세상의 소금형ISTJ

일을 책임감 있게 처리하면서 세심하게 주의하는 세상의 소금형 ISTJ은 생산성 향상과 원가 절감처럼 인내심을 갖고 기존 설비를 정비하는 업무에 적합하다.

③ 생산 관리 _ 세상의 소금형ISTJ

생산 기술에서 말한 세상의 소금형ISTJ의 특성상 제품이 출고되기 전까지 모든 과정을 관리하는 '생산 관리'에서도 역량을 발휘할 수 있다. 그 과정에서 문제가 발생해도 차분하게 대처하는 자세를 갖고 있다.

④ 검증(품질) _ 세상의 소금형ISTJ

세상의 소금형ISTJ은 조용하고 근면하므로 품질을 꼼꼼하게 검증하는 일도 정확하게 처리할 수 있다. 또한 품질 정책과 목표를 수립할 때도 체계적으로 틀을 만드는 역량이 있다.

[기타]

① 서비스 _ 친선 도모형ESFJ

사람을 친절하고 재치 있게 대하는 친선 도모형ESFJ에게는 손님을 응대하는 서비스 업무가 맞는다. 또한 주변 사람들이 감사의 표현을 하면 그 누구보다 많은 기쁨과 만족을 느끼기 때문에 서비스 업무를 하면서 스스로 더욱 큰 보람을 찾을 수 있다.

② **금융, 증권 _ 세상의 소금형ISTJ, 친선 도모형ESFJ**

반복되는 업무에도 강하고 틀이 정해진 환경에서도 잘 적응하는
세상의 소금형ISTJ은 숫자를 많이 다루면서 보수적인 금융 업무에
적합하다. 사람을 대하는 일에 부담감이 없는 친선 도모형ESFJ은
고객을 응대해야 하는 은행에 적합하다.

③ **프로그래머 _ 과학자형INTJ, 아이디어 뱅크형INTP**

혼자 오랫동안 알고리즘을 설계해야 하는 프로그래머 업무의 특
성상 독립적인 성향과 성취욕이 강한 과학자형INTJ이 적합하다.
프로그램을 기획한다는 것은 매우 힘든 작업이지만 기술적인 분
석이 뛰어나서 복잡하고 어려운 주제를 잘 이해하고 그리 힘들게
느끼지 않는다. 이러한 이유로 집중력이 강하고 이해력이 빠른
아이디어 뱅크형INTP에게도 적합하다고 할 수 있다.

④ **제품 디자인 _ 스파크형ENFP**

창의성과 상상력, 주변 사람들에 대한 관찰이 매우 중요하므로
그러한 일을 즐기는 스파크형ENFP이 적합하다.

⑤ **패션 디자인 _ 스파크형ENFP**

패션 디자인에 필요한 독창적인 사고력, 창조성, 관찰력 등이 제
품 디자인과 거의 겹치므로 이 업무에도 스파크형ENFP이 적합하
다고 할 수 있다.

원하는 기업에 입사하기

직업 특성상 사람을 많이 만나고 많이 대화하면서 인생의 다양한 모습을 접한다. 그들과 인생을 함께 나누는 과정에서 그들의 꿈을 이뤄줄 기업에 취업하도록 도와주는 일은 멋지고 보람된다고 할 수 있다.

취업 준비생들을 교육하는 사람이지만 그들을 통해 인생을 배우기도 한다. 할머니 손에서 자라며 상업고등학교에 진학했지만 대학 졸업자도 어렵다는 금융감독원에 면접 최고 점수로 합격한 사례, 여성 파일럿을 인생 목표로 삼고 끊임없는 노력으로 20대 후반에 그 목표를 이룬 사례, 어려운 집안 형편 때문에 대학교 4년 동안 아르바이트를 했지만 장학금을 놓치지 않았으며 졸업 후에는 간절히 원하던 외국계 기업에 합격한 사례 등을 보면서 아무리 힘든 상황이라도 간절히 원하고 최선을 다하면 언젠가는 꿈을 이룰 수 있다는 인생의 가르침을 다시 한 번 알게 된다.

두 번째 책이 빛을 보게 되었다. 취업 및 진로 컨설팅을 진행하는 컨설턴트, 전국에서 취업 및 진로 강의를 진행하는 강사, 한 회사를 이끄는 대표이사 등 여러 역할을 하고 있는 필자가 책을 출간하기까지 도움을 준 분이 많다. 이커리어 임직원 여러분, 그리고 사랑하는 가족에게 감사의 말씀을 전한다.

수많은 자기소개서 관련 책 중에서 이 책을 선택해준 덕분에 만나게 되는 독자 여러분도 큰 인연이라고 생각한다. 아무쪼록 이 소중한 인연을 통해 필자의 간절한 바람이 독자 여러분들에게 닿아 '합격의 자소서'를 완성하는 밑거름이 되고 원하는 기업에 입사하기 바란다.

합격의 자소서

제1판 1쇄 발행 | 2015년 9월 1일
제1판 2쇄 발행 | 2015년 9월 24일

지은이 | 홍준기
펴낸이 | 고광철
펴낸곳 | 한국경제신문 한경BP
편집주간 | 전준석
편집 | 황혜정 · 마수미
기획 | 이지혜 · 백상아
홍보 | 정명찬 · 이진화
마케팅 | 배한일 · 김규형
디자인 | 김홍신

주소 | 서울특별시 중구 청파로 463
기획출판팀 | 02-3604-553~6
영업마케팅팀 | 02-3604-595, 583 FAX | 02-3604-599
H | http://bp.hankyung.com   E | bp@hankyung.com
T | @hankbp   F | www.facebook.com/hankyungbp
등록 | 제 2-315(1967. 5. 15)

ISBN 978-89-475-4037-7   03320